海の向こうから見た倭国

高田貫太

講談社現代新書

2414

目次

序　章　あらたな日朝関係史をめざして

瀬戸内の古墳

二〇一四年二月一三日の朝、香川県高松港第一桟橋でフェリーを待っていた。フェリーの名は、めおん号。行先は女木島《めぎじま》である。快晴だったが、寒さはかなり厳しかった。午前八時発のめおん号に乗り込み、デッキで瀬戸内の多島海を眺めていると、ほどなく女木島が眼前にせまってきた。

女木島は高松港から北沖約四キロメートル、瀬戸内海に浮かぶ周囲九キロメートルほどの小島である。島の大部分は丘陵地で、南の峰と北の鷲《わし》ヶ峰《みね》が対峙《たいじ》している。その間の尾根筋を挟んだ東西にそれぞれごく狭い平地がみられる。そこに集落が広がり、港が設けられている。フェリーの乗降場は東側の東浦《ひがしうら》集落に接しており、高松港を出発して二〇分ほどで到着した。

まだ人けが少ないフェリー乗降場に降り立ち、黙々と歩きはじめた。目的地は、二つの峰の間に位置する小さい古墳である。集落をぬけ、丘陵斜面の曲がりくねった登山道をゆっくりのぼっていくと、三〇分ほどで道脇に位置する古墳についた。古墳の墳丘《ふんきゅう》に沿って石垣がめぐらされ、中央に小さい祠《ほこら》が位置している。周囲には他に古墳は見当たらず、ポツンと静かにたたずんでいるようだった。

この古墳の名前は女木島丸山《まるやま》古墳、一九六四年一一月に発掘調査がおこなわれた。その結果、径一四・五〜一六メートルの小さな円墳で、五世紀にきずかれたことが明らかとなった。墳丘の全面を二〇センチメートル大の角礫《かくれき》で覆い、付近で取れる板石《いたいし》を組み合わせた石棺を埋葬の施設としていた。その内部には葬られた人の骨が残っていて、死者に供えられた鉄刀《てつとう》、鉄鎌《てつがま》、そして金製の耳飾《みみかざり》が出土した。耳飾は死者に着装された状態だった。

この耳飾は、耳にとりつける環《わ》の下に垂《た》れ飾《かざ》りをあしらった素朴ながらも精巧なつくりである。このような耳飾は垂飾付《すいしょくつき》耳飾とよばれる。これまでの研究で朝鮮半島（以下、半島と略すこともある）からもちこまれたものと、半島から日本列島（以下、列島と略すこともある）へ渡ってきた人によって製作されたものがあることがわかっている。日本列島ではいまだ五〇例程度しか確認されていない貴重なアクセサリーだ。その多くは、列島各地で五、六世紀にきずかれた大きな古墳から出土する。そこに葬られるほどの力をもった、地域を代表するような有力者（首長）しか手に入れることができなかったはずだ。日常や儀式の場でそれを身に着けて見せびらかすことで、自分の威信を誇っていたのだろう。

それなのに、なぜ瀬戸内の小島にきずかれたごく小さな円墳に葬られた人が、朝鮮半島の貴重な耳飾を着けていたのか。彼（彼女）はいったい何者なのか。それを知る手がかりを得ようと、古墳がきずかれた地を訪れたのである。

古墳にたどりついて周囲をみわたすと、その眺望に息をのんだ。快晴だったおかげもあって、南は海をはさんで高松港や屋島《やしま》、五剣山《ごけんざん》、紫雲山《しうんざん》などをみわたすことができ、北は備讃瀬戸《びさんせと》の海原《うなばら》、直島《なおしま》をはじめとする大小の島々、そして対岸の岡山県の児島《こじま》までも遠望することができた。瀬戸内海を行き交う漁船やフェリーもとらえることができた。古墳の調査者が記したように「備讃瀬戸の風光は島の裾をあらう白波の音とともに古墳時代人の耳目を満足させた」（森井一九六六　三四頁）のだろうし、海を望む地をわざわざ

女木島（上）と女木島丸山古墳（下）

女木島（中央に小さく古墳がみえる）

選んで、古墳をきずいたものと思われた。

景観を堪能しつつ、それを写真におさめようとカメラのシャッターを切りながら、先の問いについて考え続けていた。周囲に古墳が存在しないこと、海を意識して古墳がきずかれていること、墳丘の表面を石で覆っていて積石塚《つみいしづか》とよばれる墓に近いこと、積石塚は朝鮮半島から渡ってきた人びとの墓の特徴であること、そして女木島では農耕地として利用できる平地がきわめて狭く、古墳をきずく基盤として農業は考えにくいこと。このような特徴が葬られた死者の性格をしめしているのではないか。

さまざまな考えを頭の中でめぐらせながら、丸山古墳を離れ、北の鷲ヶ峰にある洞窟や展望台、島の南端に位置する岬の灯台などを徒歩でめぐった。フェリー乗降場にたどりついた時には、すっかり夕暮れとなり、雪がちらつき始めていた。そして最終のフェリーに乗り込み、女木島を後にした。

百済の耳飾

女木島丸山古墳出土の垂飾付耳飾

次の日、ホテルの窓から外をみると、高松市内はすっかり雪景色につつまれていた。ホテルを出て、サンクリスタル高松の四階にある高松市歴史資料館へ歩いていった。女木島丸山古墳の垂飾付耳飾を資料調査するためである。大学院生の時に見学したことがあったが、もう一度自分の目で確かめてみようと思って、あらかじめ資料調査を申請していた。

調査室に案内されて十数年ぶりに本物と対面した。耳飾が朝鮮半島のどこでつくられたのかという問いに対して、それまでいだいていた考えが正しかったと、高揚した。胸の高まりをしずめて耳飾の細部を計測し、朝鮮半島の例と比較していく中で、確信を得ることができた。女木島丸山古墳の耳飾は、朝鮮半島の百済《くだら》で五世紀前半から中ごろに製作されたものだった。

女木島丸山古墳ののような耳飾は、日本列島ではほかにもう一例しか確認されていない。また、朝鮮半島でも百済の遺跡以外ではほとんど出土していない。それに対して、百済の古墳にはよく副葬されていて、葬られた人の政治的な地位を表すアクセサリーだった。

このように丸山古墳の耳飾が百済でつくられたことを確認し、前の日におとずれた古墳の特徴と関連づけた時、丸山古墳に葬られた人の姿が頭の中で鮮明に像を結んだ。彼（彼女）は百済から渡ってきた渡来人、または百済と非常に密接な関係をもっていた人ではないか。そして、百済と倭《わ》の間を往来して両者をつなぐ役割を果たしていたのではないか。

とりあえずは、このような葬られた人の姿を描けたことに満足しつつ、二日間の調査を終えて帰路についた。

古墳時代の社会

女木島丸山古墳がきずかれたころの日本列島は、古墳時代にはいっていた。古墳時代は、おおむね三世紀後半にはじまり、七世紀初めにはおわりを迎える。中国や朝鮮半島では、このころに日本列島に住む人びとや、そこに成立していた社会を、「倭人」「倭」とよんでいた。

古墳時代の社会を特徴づけるものは、なんといっても古墳である。一六万基という膨大な数の古墳が、日本列島の各地できずかれた。地域を代表する大首長から、それにしたがう中小の首長、集落や家族の長、時には一般の民衆にいたるまで、実にさまざまな人びとが古墳に葬られた。その中で、首長たちが葬られた大きな古墳の多くは前方後円墳《ぜんぽうこうえんふん》で、岩手県から鹿児島県にかけて広がる。そのため、古墳時代は「前方後円墳の時代」とよばれることもある。

これまでの研究では、古墳の大小や、前方後円墳・前方後方墳《ぜんぽうこうほうふん》・円墳・方墳《ほうふん》などというその多様な形から、列島各地の地域社会の間で政治的な秩序が形成されていた、と考えられている。筑紫《つくし》地域、吉備《きび》地域、出雲《いずも》地域、毛野《けぬ》地域などが大首長を擁する有力な地域社会であり、その頂点に立つのが、多くの巨大古墳が集中する畿内《きない》地域に本拠地を置いて倭王を擁する社会だった。大和朝廷《やまとちょうてい》、大和政権などとよばれることもあるが、本書ではこれを倭王権とよぶ。すなわち、当時の倭は、列島各地のさまざまな地域社会と畿内の倭王権で構成されていた。

朝鮮半島とのつながり

そしてこの倭は、朝鮮半島から多様な文化をさかんに受け入れ、取捨選択し、変容させ、みずからの文化として定着をはかっていた。

たとえば、須恵器《すえき》とよばれる硬いやきものがそうである。五世紀に列島各地の人びとは朝鮮半島から技術を受け入れて、さかんに生産するようになった。また、鉄の道具をつくったり鉄自体を生産したりする技術もそうである。倭では古くから鉄の原料を朝鮮半島からの輸入に頼っていて、そこから道具を作る技術も限られた有力者によって占有されていた。けれども、五世紀には半島から渡ってきた人びと（渡来人）によって、鉄の道具をつくる技術が各地へと広まった。そして遅くとも六世紀後半には、鉄鉱石から鉄をうみだすこと自体が可能となった。

さらに、金、銀、銅をもちいて、アクセサリーや馬具などさまざまな品々をつくりだす金工の技術も、朝鮮半島からもたらされた。ほかにも、馬を飼育するノウハウ、灌漑《かんがい》技術、ひいては蒸《む》し器《き》などの炊事道具やあらたな暖・厨房施設（カマド）など、じつにさまざまな情報や技術、道具がもたらされた。

それによって古代、中世へと続く人びとの生活様式の大きな変化が、古墳時代に起きた。その中心となった五世紀を「技術革新の世紀」とよぶこともある。

したがって、古墳時代の首長たちは、みずからにしたがう人びとに対して、安定して朝鮮半島の文化を取り入れる機会を提供する必要があった。そして、自分がそれに値する人物だということを、半島とのつながりをしめすさまざまなアクセサリー、武器、馬具などを見せびらかすことによって、アピールしていた。だから、首長が葬られた大きな古墳の副葬品に、朝鮮半島からもちこまれたさまざまな品々がおさめられることとなった。

このように、倭にとって朝鮮半島とのつながりは、鉄などの必需物資を入手したり、利便性の高い新しい生活様式を取り入れていく上で、決定的に重要だった。すなわち当時の倭と朝鮮半島の関係を研究することは、単に過去において海外との交流がどうだったのかを探るということにとどまらない。古墳時代の倭の社会自体を考えるうえでも、避けては通れないテーマなのである。

その倭と朝鮮半島の関係史（日朝関係史）を新しく、そしてできるだけわかりやすく描いていくことが、本書の目的だ。ちなみに日朝関係史というと、現代の日本と北朝鮮の関係を思い浮かべる人がいるかもしれない。そうではなくて、本書では、日本列島と朝鮮半島に生活する人びとの交流の歴史のことをさしている。

「任那支配」論とはなにか

それでは、これまで日本社会の中で古墳時代の日朝関係史は、どのように描かれてきたのだろうか。唐突だが、年配の読者の中には「大和朝廷による任那《みまな》支配」ということを、学校などで習った方もいらっしゃるだろう。

かつては、四世紀後半から大和朝廷が大規模な「朝鮮出兵」を数度にわたっておこない、朝鮮半島南部の加耶《かや》（これを日本では「任那」とよんだ）を植民地のように支配していた、と考えられてきた。「任那」を植民地化し、あわせて百済や新羅《しらぎ》を属国とすることで、それらからさまざまな文化を摂取した、という歴史である。これが「任那支配」論だ。豊臣秀吉《とよとみひでよし》による文禄《ぶんろく》・慶長《けいちょう》の役（壬辰倭乱《イムジンウエラン》）の時に朝鮮の多数の陶工が日本へ連れてこられたようなイメージである。

このような歴史の描き方は、戦後の日本社会に広く受け入れられていった。そして、大規模な「朝鮮出兵」が可能なのだから、大和朝廷はすでに倭をひとつにまとめていただろうし、当然、軍事権や外交権も大和朝廷がにぎっていた、そして朝鮮半島から持ちこんだ文物や技術者を地方へ配分した、と考えられていった。それが日本史の教科書や読み物にも反映された。いうなれば、「大和朝廷による朝鮮出兵・任那支配→そこで獲得した品物や技術者の独占→倭の地方への分配」という図式である。

「任那支配」論の根拠となった史料は大きく二つある。ひとつは『日本書紀《にほんしょき》』神功摂政《じんぐうせっしょう》四九年条であり、そこには三六九年に神功皇后が加羅《から》七国を平定したという記事がある。加羅は加耶と同じ意味である。もうひとつは広開土《こうかいど》王碑文《おうひぶん》だ。高句麗《こうくり》の広開土王の業績を顕彰する内容の中に、四〇〇年を前後して倭が新羅や百済を属国にしたり、数度にわたって朝鮮半島へ侵攻し、それを高句麗が撃退したと記録されている。

しかしながら、一九七〇年代にはいると、この「任那支配」論の根拠となっていた二つの史料は徹底的に見直された。それによって歴史的な事実とされた「任那支配」が架空のできごとであることが浮き彫りとなった。その理由を一言でいえば、それらの史料は、記録や編纂《へんさん》をした人またはそれを命じた社会の政治的な思惑によって、実際の内容よりも誇張されたり、大きく改変されたり、時期を違えて記録されたり、そして一部は創作された、ということである。今、この「大和朝廷による任那支配」を、そのまま是とする研究者はほとんどいない。

今につづく「任那支配」論

しかしながら、この「任那支配」論は、今の日本社会で命脈を保ち続けている。先日とある書店で、中高生によく読まれる漫画による日本の歴史書をふと手に取った。パラパラとめくってみると、四世紀の朝鮮出兵、大和政権が支配する加耶、六世紀に大和政権は朝鮮半島の一部を安定して支配していく、ということがビジュアルに描かれていた。

誤解のないようにいっておくが、この漫画は、中学生や高校生に日本歴史への興味を持ってもらうようにと、真摯《しんし》に描かれたものだ。最新の研究成果もふんだんにとりいれられている。けれども古墳時代の日朝関係になると、教科書からも姿を消した「任那支配」論が、ほとんどそのまま踏襲《とうしゅう》されている。ここに、一般の人びとがいだく、もしくは求める歴史像と、研究者がうみだす成果に大きなずれが生じていることがわかる。

克服すべき課題

また研究者の間でも、倭王権が倭の軍事権や外交権を、古墳時代のはじまりからすでに完全に掌握していたとする見方は根強い。日本考古学では通説といってよいだろう。先の図式の「大和朝廷による朝鮮出兵・任那支配」の部分を「百済や加耶との軍事的な提携と出兵」のように若干変更して、列島各地の首長たちは、倭王権の外交や軍事活動に依存することで朝鮮半島から先進の文化を受け入れることができ、さまざまな文物や技術者も倭王権から分配された、と考えられている。図式の後半、「獲得した品物や技術者の独占→地方への分配」という部分は、そのまま踏襲されているのだ。

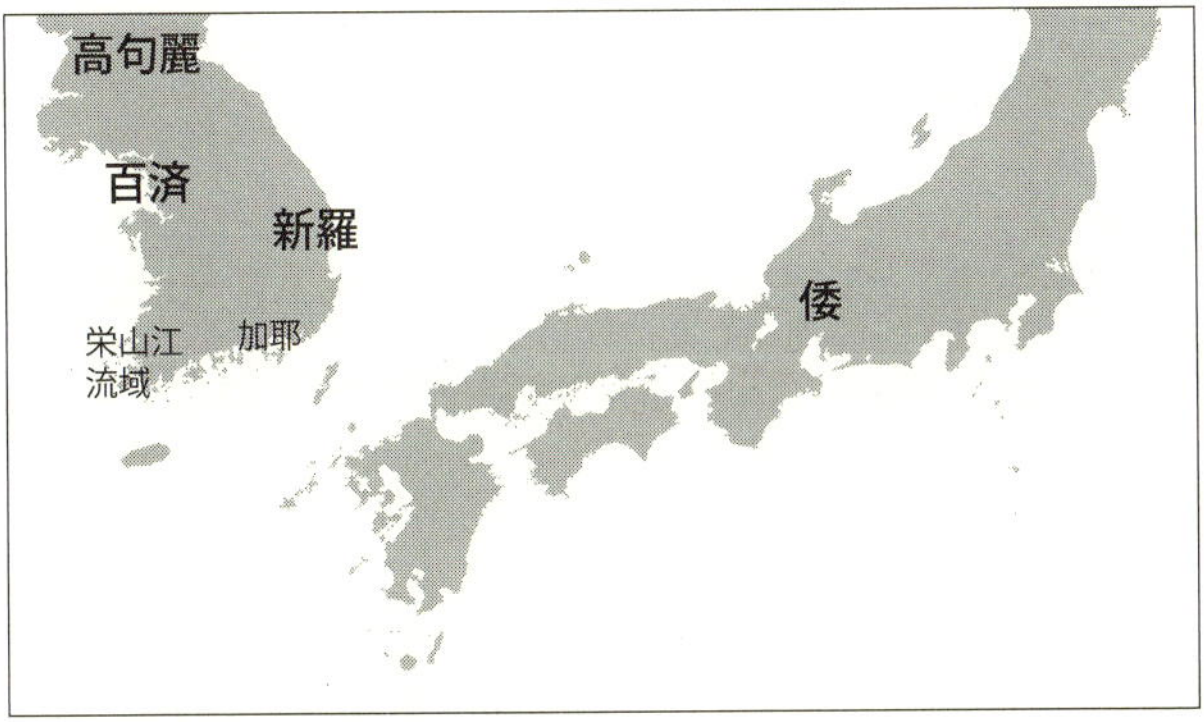

割拠するさまざまな社会

けれども筆者が思うに、このような歴史の描き方は三つの大きな課題をかかえている。それをできるだけ克服して、新しい関係史を描きたいと考えている。そのことを説明しながら、本書の目的と構想をもう少し具体的に述べていこう。

朝鮮半島からみた倭

まず、最も根本的な問題として、これまでの研究では朝鮮半島からの視点が欠けている、またはあまり考慮されていない。

日本列島の古墳時代と同じころの朝鮮半島は、北に高句麗、東に新羅、西に百済というように三国が割拠した時代、三国時代だった。また、新羅と百済に挟まれた南部には、加耶と総称される、金官加耶《クムグアンカヤ》・大加耶《デカヤ》・小加耶《ソカヤ》・阿羅加耶《アラカヤ》などのいくつかの社会が群立していた。さらに、西南部の栄山江《ヨンサンガン》流域にも、独自の文化を有する社会が位置していた。

このようなさまざまな社会がそれぞれ、王や貴族を中心に領域の統合を進めながら、互いには遠交近攻《えんこうきんこう》のような関係でしのぎを削っていた。その中で倭と同じように、それぞれに特色のある古墳をきずいていた。

その朝鮮半島に割拠する社会の中で、おもに新羅、百済、加耶、栄山江流域など半島中南部に位置した社会が、倭とさかんに交渉を重ねていたことが、これまでの研究でわかっている。けれども、これらの社会がどうしてさまざまな先進文化にかかわるモノ、人、情報を倭へつたえたのか、その目的は何か、という問いに対して、倭の立場からだけで描かれた関係史では、あまり答えることができない。ここに研究の盲点がある。

近年、といってもすでに一五年も前のことだが、それについての批判が韓国側から提示された。やや長くなるが全文を引いて紹介したい。

朝鮮半島南部と日本列島の間で相互に交換・移動した遺物を解釈する大多数の研究においては、倭の側の要請や必要性のみを強調してきた。特に、倭—加耶の交易関係の解釈における際立った問題点であるが、加耶の側の必要性によって器物が交換されたのではなく、全面的に倭の必要において交易されたと解釈されてきたのである。すなわち、四、五世紀代の（朝鮮半島で発見される）倭系遺物は、鉄原料を輸入しその代価として支払われたものと解釈し、同時期に倭地域で発見される朝鮮半島系遺物の場合、技術革新のために倭王権が連行していった人びとが残したもの、という説明が支配的であるようだ（李盛周二〇〇二　五四頁）。

一言でまとめるならば、これまでの日本の学界から提示された日朝関係史は、所詮は倭の立場から描かれたものに過ぎないのではないか、という批判だ。これには真摯にむきあう必要がある。倭に先進文化の受容という目的があるのと同じように、百済、新羅、加耶、栄山江流域それぞれにも、倭と交渉する目的があったはずだからだ。その交渉の目的が何か、実際にどのように交渉がおこなわれたのかについて、具体的に明らかにしていく必要がある。そして、それぞれの社会にとって倭とは一体どのような存在だったのか、についても考えなければならない。そのためには、海の向こうから倭をみすえることが不可欠だ。

地域社会の動きや交渉を担った人びと

また、倭と新羅、百済、加耶、栄山江流域の間では、いうなれば王権による外交だけではなくて、それぞれに属する地域社会も主体的に交渉をおこなっていた。そして実際の交渉にたずさわった集団や個人が存在していた。

倭を例にとろう。倭が朝鮮半島から手に入れたアクセサリーや武器や馬具などの品々の広がりは、列島の各地に分散していて、倭王権の本拠地たる畿内には集中していない。もしも畿内に集中していれば、倭王権が一括して入手してそれを各地へ配った、すなわち倭王権が半島との外交を一手に握っていたとみることができるけれども、実際はそうなっていない。九州、瀬戸内、日本海沿岸、中部、東日本の各地に広がっている。

また、その品々がつくられた場所、つくる技術の伝統が根づいた地域、つくった人の出身地――これを系譜関係という――を探ることで、半島のどの社会と交渉していたのかについて丹念にみていくと、日本列島の中の地域ごとで、そして時期ごとで非常に多様である。

したがって、王権の外交のほかにも地域社会が主体となった交渉活動もさかんにおこなわれていた。そして、冒頭で女木島丸山古墳を紹介したように、その交渉を実際に担って日本列島と朝鮮半島を往来していた個人や集団が多くいたのである。その姿を描きだす必要がある。

関係の本質とは何か

最後に、新羅、百済、加耶、栄山江流域と倭それぞれの目的にもとづく不断の交渉の積み重ねこそが、当時の日朝関係の本質だった。本書では「交渉」という語を多くもちいることになる。これは、人、モノ、情報をめぐる交易や使節の派遣、時には武力の行使などを通して、社会や集団が何らかの利益を得るように、相手側に働きかけることを意味する。

最近の研究では、『日本書紀』や広開土王碑文などに記された倭の軍事活動とは、時期が限定されていて、加耶や百済の要請や承認が必要だったことが明らかとなっている。決して倭の一方的な出兵ではなくて、あくまでも交渉の中のひとつの場面にすぎない。支配や従属ということとは、別次元である。

したがって、それを倭が朝鮮半島から文化を受け入れた契機として、過度に強調することはできない。これからひもといていくけれども、半島のそれぞれの社会は、半島情勢をみずからが有利な方向へ動かしていく策のひとつとして、倭とつながろうとしたのであり、一方、倭のほうにも先進文化を安定的に受容するという目的があった。時に厳しい対立や葛藤をふくみつつも、両者の間の交渉には、友好的な関係の確立という根本的な目的があったのだ。そして、その達成のための交渉の積み重ねこそが当時の日朝関係の本質だった。このような立場から関係史を描いていく必要がある。

対象時期と描く方法

本書では、以上の三つの課題にとりくみながら、おおむね三世紀後半〜六世紀前半の日朝関係を描くことを目的とする。三世紀後半は古墳時代のはじまりにあたり、新羅、百済、加耶、栄山江流域と倭の政治経済的な交渉が活発にくりひろげられていく時期だ。そして六世紀前半には、新羅、百済、倭の王権が対外交渉権を一手に握り、日朝のつながりの中で王権間の外交が大きな比重を占めるようになる。この三〇〇年間の日朝関係史を描いていきたい。また、その前史として古墳時代のひとつ前の時代、弥生時代の後半の日朝のつながりもみていく。

関係史を描きだす方法は、当時の人びとが残した遺跡や遺物をあつかう考古学の方法論を基礎とする。そして、過去の出来事が文字で残された史料をあつかう古代史学の助けもおおいに借りていく。

舞台——環海地域として

日朝関係史を描く舞台はむろん日本列島と朝鮮半島だ。けれども、この両地域の間にくっきりとした境界をひいてしまっては、いきいきとした描写はできない。それよりも半島と列島の間の海を、境界というよりも人びとが往来した場ととらえて、日本列島と朝鮮半島を、対馬《つしま》（大韓・朝鮮）海峡や日本（東）海、黄海《こうかい》、玄界灘《げんかいなだ》、瀬戸内海、ひいては太平洋を媒介として人びとが活発に交流を重ねてきたひとつの地域、「環海《かんかい》地域」と認識してみたい。

この環海地域では、高句麗、新羅、百済、加耶、栄山江流域、そして倭というさまざまな社会が成立した。それぞれの社会は王権と地域社会で構成されていた。そして、それぞれが交渉の拠点となって、互いをむすびつけるネットワークが広がっていた。このように舞台を設定する。

材料——履歴書としての古墳

この舞台で日朝関係史を描いていくために重要な材料となるのが、日本列島と朝鮮半島できずかれた古墳である。それには次のような理由がある。

今でもそうだが、墓にはそこに葬られた死者の生前の活動や地位が、反映される場合が多い。日朝の古墳では特にそれが顕著なのだ。古墳の形や大きさ（墳丘）、古墳の外観を装飾する装置（葺石《ふきいし》や埴輪《はにわ》）、死者を葬る施設（埋葬施設）、死者へ供えられた品々（副葬品）、墓のきずかれた場所、周辺の遺跡との関係などに、葬られた人の生前の地位や職業、活動の内容などが反映されている。したがって、古墳は死者の「履歴書」なのだと、よくいわれる。

　例えば、巨大な古墳に葬られた人は、それをきずく労働力を集めるだけの政治力や経済力をもち、その地域で活躍した有力な首長だった可能性が高い。また、小さな古墳にもかかわらず、当時の先進技術だった鉄器生産の道具が豊富に副葬されていれば、生産にたずさわっていた工人集団の長が葬られているのでは、と考えてみたくなる。その周辺に工房に関連する遺跡が確認されれば、その可能性はより高まる。

　あるいは、古墳のきずかれた場所が見晴らしのきく海の近くであれば、葬られた人は海上交通や漁撈《ぎょろう》などを生業としていたのではないか、と予想できる。副葬品に漁の道具や交易で得た品々などがあれば、その予想は的を射たものとなるだろう。このように、古墳は葬られた人やそれをきずいた集団の履歴を読みとる格好の材料である。

　そして本書で注目するのが、古墳を構成する要素に、日本列島では珍しいけれども朝鮮半島ではよくみられるものがふくまれる古墳である。例えば、墳丘や埋葬施設が朝鮮半島の影響を強く受けていたり、副葬品に朝鮮半島から持ちこまれたものがふくまれていたりする、そういう古墳である。ひいては墳丘、埋葬施設、副葬品などの要素すべてが、朝鮮半島の強い影響を受けた例もある。

　このような古墳に葬られた人やそれをつくった集団は、何らかの形で朝鮮半島とつながっていたからこそ、半島から入手した品々を副葬品としておさめることができた。また、埋葬施設をきずく際に半島から渡来してその地に定着した人びと（渡来人）の協力を得ることもできた。あるいは、その古墳が渡来人の墓そのものの可能性が高い例もある。冒頭で紹介した女木島丸山古墳もそのひとつだ。

ひるがえって、朝鮮半島の古墳にも倭の影響を色濃く受けたものが、少なからず確認できている。それは「倭系古墳《わけいこふん》」とよばれていて、当時それをきずく際には倭とのつながりが必要だった。もちろんこれにも注目する。

このような古墳に葬られた人びとの履歴を具体的に解き明かすことが、豊かな関係史の描写につながっていくだろう。なお本書では、弥生時代に日本列島から朝鮮半島へ渡ったと考えられる人を「弥生人」、古墳時代に倭から朝鮮半島へ渡ったと考えられる人を「倭人」とよぶ。

複眼的な視点

そして描く視点は、倭中心の視点による関係史を克服するものでなければならない。そのため、新羅、百済、加耶（の中の金官加耶・大加耶）、栄山江流域、そして倭それぞれの視点を織り込むように、いうなれば複眼的な視点から関係を明らかにしていく。

また、それらの王権に属する地域社会の立場もふくみこませるために、特に活発な交渉をおこなった新羅の東萊《トンネ》（釜山《プサン》）地域と、倭の北部九州地域と瀬戸内地域を取り上げて、その動きを叙述する。さらに、女木島丸山古墳に葬られた死者やその古墳をつくった集団のように、列島と半島を往来して当時の交渉を実際に担当した人や集団の姿も、彼（彼女）らがのこした古墳や集落を紹介しながら、浮き彫りにしていく。

構想の意義

以上、あらたな日朝関係史を描くための構想——課題、対象とする時期、方法、舞台、材料、視点——を述べてきた。改めて整理すると次のようになる。

三世紀後半～六世紀前半の日本列島と朝鮮半島を、海とそれをとりまく陸地が一体となった環海地域と把握する。その空間の中で、集落や古墳、史料にのこされた人やモノ、情報の動きに注目し、環海地域に成立したさまざまな社会（倭、新羅、百済、加耶、栄山江流域）の多様な交渉のさまを描きだしていく。その時には、それぞれの社会における王権と地域、集団、個人の関係もふくみこませる。

このような構想によって、従来の倭だけを主役とした静的で一方向的な歴史像を刷新して、新羅、百済、加耶、栄山江流域、そして倭がダイナミックに連動し交渉を重ねる、あらたな日朝関係史像を描きだすことができるだろう。本書が意義あるものになるかどうかは、この構想を実現できるかどうかにかかっている。

これでようやく、本論へはいっていく準備がととのった。

本書の理解のために——デッサンの提示

本論では第一章で弥生時代後半〜四世紀、第二章で五世紀前半、第三章で五世紀後半〜六世紀前半の日朝関係史を描いていく。また第四章ではやや視点を変えて、六世紀前半の栄山江流域に分布する前方後円墳にスポットを当てて、それがきずかれた歴史的な背景を探る。そこに、朝鮮半島からみた倭の姿が凝縮されていると考えるからだ。

本論へはいる前に、ひとつだけ心配事がある。それは、本論の内容が紆余曲折《うよきょくせつ》してしまうのではないか、ということだ。日朝関係史を複眼的な視点から描いていこうとすると、場面や視点がつぎつぎと移り変わってしまい、時間の流れにそって理解することが難しくなるおそれがある。それだけ当時の関係は多様なのだ、と割り切ることもできるが、読者のみなさんの理解が得られなければ、本書を執筆した意味自体がなくなってしまう。

そこであえて、筆者の描く日朝関係史のデッサンを、ここで提示しておく。もし、本論を読まれる中で五里霧中《ごりむちゅう》をさまようようなことがあれば、以下のデッサンを参考にしてもらいたい。もちろん、読み飛ばして本論へはいってもらってもかまわない。

弥生時代後半（第一章1節）

弥生時代の後半になると、日本列島と朝鮮半島の交易が本格化する。当時、北部九州と朝鮮半島南部の交易は、日朝の沿岸や島々に住む、漁撈をなりわいとし、優れた航海技術をもつ人びと（海民）を通じて行われていた。北部九州の有力者は、海民の集落（海村）をむすびつける網の目状のネットワーク（海村のネットワーク）を利用して、青銅器や鉄の入手につとめた。このような活発な交易を背景のひとつとして、半島南部や北部九州には多くの国（クニ）が成立していった。

その後、しだいに金海《キメ》（洛東江《ナクトンガン》河口）と北部九州をむすぶ幹線路が、洛東江下流域の狗邪《クヤ》国や北部九州の奴国《なこく》・伊都国《いとこく》によって整備される。そのルートは、日本列島各地の海や河川、陸路とむすびつき、交易の範囲は西日本の内陸部、ひいては東日本へと広がっていった。

三世紀後半（第一章2節）

この海村のネットワークと金海―北部九州という幹線路を両輪とした交易が、最も充実したのが三世紀後半だった。洛東江河口と博多《はかた》湾沿岸に大規模な港が整備され、国際的な交易の拠点として機能する。港の運営や航海の水先案内などの業務は、古くから港の地に生活の基盤を置いていた海民集団が担った。博多湾沿岸の港には、西日本各地から物資や技術を求める人びとが多く集まり、洛東江河口の港にも半島各地から人びとがやってきた。このような人びとの経済的な必要性が、港を大規模化していく後押しをした。

三世紀後半には畿内に倭王権が成立する。鉄などの必需物資や先進文化の安定的な受容をめざした倭王権は、金官国《クムグァン》（狗邪国）を重要なパートナーと位置づけ、直接交渉しようとする。鉄生産と海上交易によって成長を遂げ金官加耶の盟主となった金官国にとっても、倭王権とつながりを持つことには大きなメリットがあった。

四世紀前半（第一章3節）

四世紀になると、倭王権と金官国の直接交渉が本格化し、畿内から博多湾を経由せずに直接、金海へと向かう、沖《おき》ノ島《しま》ルートが整備されていく。金官加耶では港はさらに大規模となり、倭王権から贈られた文物が王族の墓に副葬されるようになる。そのために博多湾沿岸の港は急速に衰退するが、といって北部九州の対外活動自体が衰退したわけではなかった。玄界灘沿岸に別の交渉の拠点が形成され、北部九州はむしろ倭王権からは独立した独自の交渉活動を強めていく。

四世紀後半（第一章3・4節）

四世紀後半には朝鮮半島北部の高句麗が、朝鮮半島中南部への進出をもくろむ。これを契機に百済は倭王権に接近し、金官加耶の仲介によって百済と倭の王権間の正式な通交がはじまった。こうして、高句麗の南下政策への対応を目的とした倭王権―金官加耶―百済という同盟が樹立される。一方、新羅は、高句麗に従属することで成長を模索した。ただ、新羅は倭ともそれなりに交渉していたようで、その証拠に倭から贈られた文物を副葬する古墳が本拠地の慶州《キョンジュ》で見つかっている。王権間の外交が多極化していくにつれて、海村のネットワークの連繫《れんけい》もより強まり、さまざまな新しい情報や技術、道具が列島各地にもたらされるようになった。

五世紀前半（第二章）

四世紀末から五世紀前半の朝鮮半島では、ついに高句麗が朝鮮半島南部への進出を本格化させる。そのため、倭の主要な交渉相手だった金官国は大きな打撃を受けて衰退する。一方、高句麗と従属的な関係をむすぶ新羅、高句麗の南下に対峙する百済、そして金官国の衰退と相前後して台頭した大加耶が、倭との交渉を活発化させた。

新羅と倭の交渉を仲介したのが、古くから倭とつながっていた洛東江下流域の東萊（釜山）だった。新羅王権は東萊地域の統合をもくろむが、当地の有力者たちは主体的な対外活動を通して、みずからの政治的な地位を維持しようとした。

倭でも王権の外交だけではなく、朝鮮半島から安定的に先進文化を受容しようと地域社会による交渉活動も活発になった。特にその動きがめだったのが北部九州と瀬戸内だった。交渉の形は、独自の交渉をくりひろげる場合と、倭王権の外交に参加する場合の、大きく分けて二つがあった。

五世紀後半（第三章）

五世紀後半になると、新羅が高句麗の影響からぬけでようとする。そして高句麗への対抗を目的として、百済や大加耶と歩調を合わせるように倭と交渉する。その中で東萊や朝鮮半島西南部の栄山江流域などの社会も、主体的な交渉を重ねていった。

倭王権からみれば、当時の朝鮮半島情勢は相当に不安定なものだった。五世紀の外交は、主に北部九州や吉備などとのいわば「相乗り」で半島へおもむくようなものだった。しかし、半島情勢の緊迫度が増していくにつれ、このような形だけでは安定的な外交を展開させていくことが難しくなった。そのため倭王権は、地域社会がもつ半島との多様なルートの掌握をめざすようになる。

倭王権にとってあなどることのできない地域社会が、北部九州と吉備だった。そのため倭王権は、まずは吉備の中心勢力を押さえこんだ。吉備の周縁に位置する海上、河川交通に長《た》けた集団のうち、この倭王権の動きに呼応した集団は、海上交通をめぐるそれまでの既得権を保障された。

六世紀前半（第三・四章）

六世紀前半になると新羅が加耶へ攻め入るようになり、五三二年には金官加耶が滅亡する。これによって新羅、百済、大加耶の対立が表面化し、高句麗に対抗するための三者の協調関係は崩壊する。

このような情勢の中で、三者それぞれが国際的な孤立を回避するために、倭との連携を模索した。百済は倭と緊密な関係を維持し、倭に対して軍事的支援を要求することもあったようだ。そして、その見返りとして先進の技能者を倭へ派遣した。その後も百済は、新羅の加耶進出を防ぐために倭との提携を重視した。

大加耶と倭の関係は、百済による大加耶圏の一部（蟾津江《ソムジンガン》流域）の領有を倭が支持したことによって、一時疎遠となったようだ。だが大加耶は、孤立を避けるためには倭との関係を改善せざるをえなかった。この時期の大加耶の周縁には、さかんに倭系古墳が築かれた。その被葬者は、倭からの渡来人や倭と深い関係を有する人だった。しかし、五六二年に新羅に併合された。

新羅は加耶への進出の障害とならないように、つかずはなれず倭との関係を維持していた。しかし、加耶進出を本格化させると北部九州の大首長「磐井《いわい》」に使者を送り、倭王権による加耶救援の妨害を依頼する。この新羅の動きが「磐井の乱」の引き金となった。ただし、倭王権と決定的に対立することは避けたようで、大加耶を併合する直前の五六〇年を皮切りに、さまざまな文物を提供することで倭王権に接近した。

そしてこの時期、倭との交渉を活発にくりひろげたのが、朝鮮半島西南部の栄山江流域である。百済からの圧迫をうけていたこの時期、栄山江流域は十数基の前方後円墳をきずき、倭とつながっていることを百済に対してアピールすることで社会の自主性を維持しようとした。

緊迫度が一段と増した半島情勢に対応すべく、倭王権は外交権の掌握を急ぐ。「磐井の乱」は、それを象徴する事件だった。この抗争が倭王権側の勝利に終わったことで、倭の外交権はひとまず倭王権に集約されることになった。一方の朝鮮半島でも、六世紀中ごろまでには新羅と百済の両王権が、独自の交渉を重ねていた東莱や栄山江流域などを併合して、外交権をほぼ完全に掌握した。これ以後の日朝関係は、ひとまずは王権間の外交が大きな比重を占めるようになった。

以上のように、三世紀後半から六世紀前半の倭と朝鮮半島（新羅、百済、加耶、栄山江流域）では、それぞれの社会の目的のもと、実に多様で錯綜した交渉がくりひろげられた。その関係は、さながら海をはさんだ「合わせ鏡」のようなものだった。

引用・参考文献

（日本語）
森井　正一九六六「高松市女木島丸山古墳」『香川県文化財調査報告』八　香川県教育委員会
（韓国語）
李盛周二〇〇二「南海岸地域から出土した倭系遺物」『古代東亜細亜と三韓・三国の交渉』福泉博物館

第一章　韓と倭のつながり
——弥生時代後半〜四世紀

1　本格的な交易——弥生時代後半

『三国志』にみる三世紀のつながり

中国の歴史書である『三国志《さんごくし》』の『魏志《ぎし》』東夷伝韓条《とういでんかんじょう》（『魏志』韓伝）には、三世紀の朝鮮半島中南部に多数の小国が群立していたことが記されている。西南には馬韓《マハン》五十余国、東南には弁韓《ピョナン》と辰韓《ジナン》それぞれ一二国ずつが位置していた。辰韓一二国の中には斯盧《サロ》国という小国があった。慶州を本拠としていて、それが勢力を広げてのちの新羅の中心となった。また、辰（弁韓）一二国の中には狗邪《クヤ》国がふくまれており、これは現在の金海《キメ》に位置していた。のちに金官加耶の中心となる金官国の前身である。

狗邪国が位置した金海は、現在も金海国際空港が位置するところとしてよく知られている。朝鮮半島の東南端に位置していて、日本列島から海を渡って朝鮮半島へいたる最初の到着地だった。もちろん、逆に朝鮮半島から日本列島へ渡る出発地でもあった。

実際に『魏志』倭人伝をみると、半島北部の帯方郡《たいほうぐん》を出発して西南海岸をつたって南下し、狗邪国から海を渡る、という航路が記録されている。そして、そこから対馬、壱岐《いき》、そして北部九州へといたる海の道は古くから利用されていた。

『魏志』弁辰伝には弁韓に関する次のような記述がある。

> 国、鉄を出す。韓・濊《わい》・倭皆従って取る。諸の市買《しばい》には皆鉄を用いる。中国の銭を用いるが如し。また以て二郡に供給す。

これをみると、弁韓では鉄が生産され、それを入手するために韓・濊（朝鮮半島東北部を中心に存在した種族）とともに倭から人びとがやってきたことがうかがえる。また、弁韓では鉄を二郡（楽浪郡《らくろうぐん》と帯方郡）に供給していた。ちなみに楽浪郡、帯方郡とは古代中国が朝鮮半島北部を統治しようと設置した出先機関のことである。

中国の貨幣のようにもちいられた「鉄」とは、鉄の道具へ加工できる延べ板や棒状のもの、または鉄塊だったようである。このような鉄を媒介として、楽浪郡と帯方郡―弁韓―倭をむすぶルートを利用した人びとのつながりが存在していた。このつながりは、『魏志』倭人伝の対馬国に関する記述からもみてとれる。

> 千余戸あり。良田《りょうでん》無く、海物を食して自活し舟に乗りて南北に市糴《してき》す。

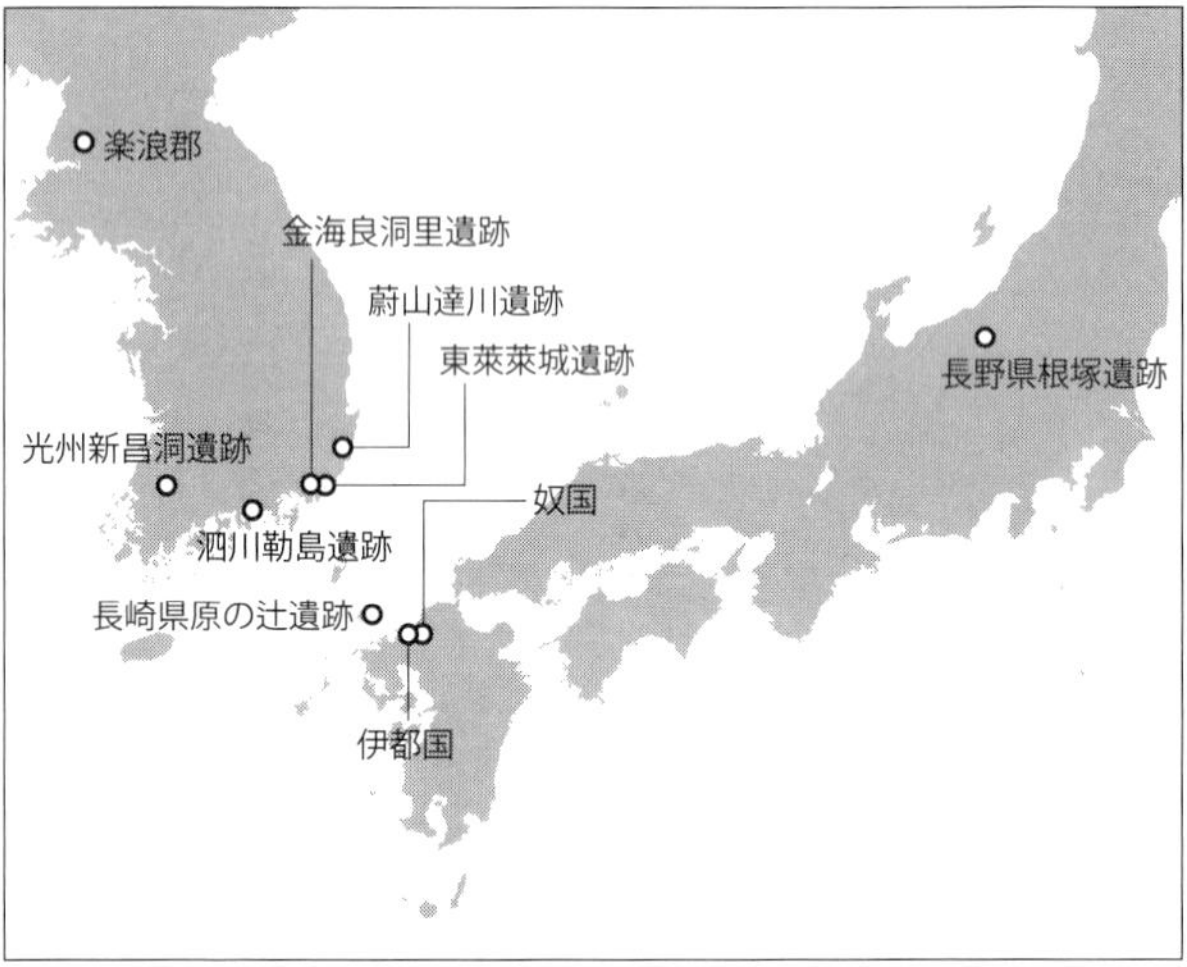

韓と倭のつながり

また一支国《いきこく》（現在の壱岐島）についても次のように記されている。

三千ばかりの家あり。やや田地ありて田を耕せども、なお食するに足らず。また南北に市糴す。

この「南北市糴《なんぼくしてき》」とは、南（北部九州）と北（朝鮮半島）を往来して交易している、という意味である。このように、史料から三世紀には弁韓の位置した半島東南部と倭が活発に交易していたことがうかがえる。

鉄を求める弥生人

このような鉄をめぐる韓と倭のつなが

りは、三世紀にはじまったわけではない。それよりもはるか前、弥生時代の中ごろにはおこなわれていた。朝鮮半島では初期鉄器時代にあたる。先学の研究（村上一九九八、井上二〇一四、藤尾二〇一五など）を参考としながら、その概要を紹介していきたい。

古くから、青銅の道具やその原料を求めて朝鮮半島南部へ渡っていく弥生人の姿は想定されていた。さらに、一九九〇年代以降に研究が進み、青銅だけではなくて鉄についても、弥生人は半島南部において道具やその素材を手に入れていたと考えられるようになった。

そのことを実際にしめす遺跡がいくつか確認されている。そのひとつに東萊《トンネ》萊城《ネソン》遺跡がある。東萊は今の釜山《プサン》にあたり、洛東江《ナクトンガン》をはさんで金海の対岸にあたる。遺跡では当時の住居が二棟確認された。一号住居には炉があり、その周囲から鉄器をつくる際にでるカス（鉄滓《てつさい》）や鉄の塊、鉄片などが出土した。鉄器をつくる工房（鍛冶《かじ》工房）なのだが、興味深いことに、そこから出土した土器の多くが、日本列島の弥生土器やそれをまねて現地でつくられた土器だった。このような土器を弥生系土器という。この土器を詳しくみていくと、北部九州でみられる壺や甕《かめ》が大半だった。近くの二号住居からも弥生系土器が出土している。

工房で使っていた土器が弥生系土器ということは、そこで鉄器をつくっていた人びとの

東莱莱城遺跡の住居跡（上）と泗川勒島遺跡（下）（釜山博物館・釜山大学校博物館）

中に北部九州から渡ってきた弥生人がふくまれていた可能性が高い。彼（彼女）らは、莱城遺跡での鉄器製作に参加しながら、それを手に入れようとしたのだろう。

　また、泗川勒島《サチョンヌクド》遺跡でも多量の弥生系土器が出土している。勒島は朝鮮半島の南に広がる多島海の中央に浮かぶ小島で、南海岸をつたう沿岸航路の要衝《ようしょう》である。遺跡は島全体に広がるようで、ゴミ捨て場（貝塚）や住居、穴、墓などが確認された。

　遺跡からはたくさんの土器が出土したが、その一割ほどが弥生系土器だった。弥生時代前期末から後期初めにかけての数百年の長期にわたって、弥生土器が島に持ち込まれたり、それをまねて現地で製作されていたことがわかっている。萊城遺跡と同じように北部九州の土器が中心だ。

勒島遺跡でも鉄器をつくるための炉が多く確認された。また、炉の壁がこわれたものや鉄滓、鉄片、鍛造剥片《たんぞうはくへん》、砥石《といし》なども出土した。鍛造剥片とは、鉄をたたいて製品に仕上げる際に飛び散った鉄のうすいかけらのことである。このことから、現地で鉄器が製作されていたことがわかる。おそらく交易品だったのだろう。そして、中国前漢《ぜんかん》の貨幣、楽浪郡でよくみられる土器や青銅の鏃《やじり》など、楽浪郡との交易をしめす品々も出土した。

泗川勒島遺跡出土の弥生系土器（東亜大学校博物館）

このように勒島遺跡は、沿岸航海の要衝という地勢をいかして楽浪郡や北部九州と交易する人びとが暮らしていた拠点だった。わかりやすく港町といってもいい。このような港町を利用して、弥生人は鉄を求めて海峡を往来し、時にはそこに滞在していた。（李昌熙二〇一一、井上二〇一四など）。

さらに鉄を求める弥生人の活動は、朝鮮半島の沿岸にとどまらなかった。より内陸の鉄鉱石を採

蔚山達川遺跡の鉄鉱石採掘跡（上）と出土した鉄鉱石（下）（蔚山文化財研究院）

掘した遺跡からも弥生人の痕跡がうかがえる。それが蔚山《ウルサン》達川《タルチョン》遺跡である。その一帯は一九九三年まで鉄鉱石を産出していた達川鉄鉱山（達川鉄場）である。

達川遺跡では初期鉄器時代の住居、穴、濠《ほり》、柵などが確認された。出土した土器は現地の土器が中心だが、鉄鉱石の採掘場から北部九州の弥生系土器が確認された。ほかにも楽浪系土器や鉄鉱石などが出土している。おそらく弥生人たちは、そこで生産された鉄器を手に入れようと、鉱山までやってきたのだろう。

交易とクニ

これまで紹介した朝鮮半島南部から出土した弥生系土器は、弥生時代の中ごろに北部九州でみられる土器が中心である。それがつくられた時期については、大きく紀元前四世紀〜紀元後一世紀前半ごろと考える見方と、紀元前二世紀中ごろ〜紀元後一世紀前半ごろと考える見方がある。いまだ決着をみていないけれども、このころには弥生人が活発に海を渡っていたのだ。

また、朝鮮半島の弥生系土器の広がりをみると、南海岸の東半分のいくつかの地にまとまる。西から東へ順に、勒島遺跡とその周辺、釜山・金海、そして蔚山などである。これらの地域の沿岸に交易のための拠点があった。それとは別に、半島西南部でもごく少数だが弥生系土器が出土しているので、南海岸の西半分にも弥生人が往来した拠点があった可能性がある。このような拠点をむすぶネットワークが形成され、それが南の北部九州や北の楽浪郡へと続いていたのである。

そして、このネットワークを利用して、半島南部から北部九州へもさかんに人びとが渡ってきていた。北部九州各地の遺跡から出土する朝鮮半島系の土器から、その存在を追うことができ、やはり交易の拠点が点在していたようだ。その姿が明らかとなったのが、半島南海岸—北部九州の航路沿いの壱岐島にある長崎県原《はる》の辻《つじ》遺跡である。

原の辻遺跡では、このころに人工的な船着き場がつくられ、丘陵に大集落が広がっていた。勒島遺跡と同じように中国前漢の貨幣、楽浪系の土器や青銅の鏃も出土しているので、北部九州からの弥生人と半島から渡ってきた人びとの交易がさかんだったことがわかる。原の辻遺跡はその規模からみると、港町というよりは交易のための基地と表現した方がしっくりくる。

以上のように、北部九州と半島南部の各地に点在した拠点を取りむすぶネットワークを活用することで、両地域の人びとはたがいに往来し、交易していた。まさに「南北市糴」である。その活動は両地域の間にとどまるものではなくて、紀元前一〇八年に中国前漢によって楽浪郡が設置された後には、中国（楽浪郡）—半島南部—北部九州、そして西日本へとつづくものだった。

このような活発な交易活動を背景のひとつとして、半島南部や北部九州に多くの国（クニ）が成立するようになった。紀元前一世紀ごろのことを記した中国の歴史書『漢書《かんじょ》』地《ち》理志《りし》に次のような著名な記述がある。

楽浪海中に倭人あり。分かれて百余国となる。歳時《さいじ》を以て来《きた》り献見《けんけん》すといふ。

ちなみにこの記述から、遅くとも紀元前一世紀には、日本列島で生活する人びとが「倭人」とよばれていたことがわかる。

勒島遺跡の衰退と狗邪国

しかしながら、紀元後の一世紀にはいると、それまで重要な交易拠点だった勒島遺跡が衰退していき、二世紀にはその役割を終える。その衰退と連動して、次のような変化があった。

①衰退していくころの勒島遺跡では、北部九州以外にも中部九州や瀬戸内、山陰など西日本各地の土器が出土するようになる。
②朝鮮半島での弥生系土器の出土量が減少する。ただし、出土遺跡の広がりが狭くなるのではなく、その中心はそれまでと同じように東南海岸にある。そして、新たに弥生系土器を出土する遺跡も確認できる。
③壱岐島の原の辻遺跡は、勒島遺跡の衰退とは対照的に繁栄期にあった。そして、対馬島も交易の拠点として機能した。
④辰韓や弁韓の有力者の墓に、北部九州の青銅器が副葬される。紀元後一世紀の後半にな

良洞里遺跡の墓（162号墓）（東義大学校博物館）

ると、特に弁韓の中心たる金海に分布が集中する。

⑤楽浪郡からもたらされた文物も、紀元後一世紀後半には金海に集中するようになる。

このような勒島遺跡の衰退と相前後した①〜⑤の動きから、それまでの交易の形やルートに大きな変化があったことがわかる。その背景として考えられているのが、弁韓の中で金海に位置する狗邪国が交易の中心地として機能しはじめたことだ。

洛東江の河口に位置する金海にはいまでは広い平野が広がっているが、かつてその一帯は「古金海湾」とよばれる湾だった。この湾一帯が新たな港として整備されていったようである。それをしめすように、古金海湾の西側の良洞里《ヤンドンニ》遺跡一帯には、北部九州や楽浪郡との交易で手に入れた文物が多くみられる（④・⑤）。この遺跡は三世紀前半まで狗邪国の最も有力な集団の墓地だった。

また、北部九州でも有力な奴国や伊都国が、壱岐や対馬の交易基地をコントロールするようになっていて、楽浪郡や朝鮮半島との交易を主導するようになった（③）。このように、楽浪郡―金海―北部九州をむすぶルートが、狗邪国や奴国《なこく》、伊都国《いとこく》などの有力な国々によって整備されていった。そのため、金海―北部九州ルートからはずれた位置にある勒島遺跡は徐々に衰退していったのだろう（井上二〇一四）。

ただし、金海―北部九州というルートの整備は、その前からのネットワークがあってはじめて可能だったことを忘れてはならない。そして、勒島遺跡が衰退するころでも、依然として弥生系土器は半島の東南海岸の各地で出土し、この時期になって新たに弥生系土器が確認できる遺跡も少なくない（②）。よって、狗邪国が交易の中心となる一方で、東南海岸各地の拠点を結ぶネットワークは、むしろ広がりをみせていたのである。

「海村」のネットワーク

それでは、弥生時代後半の朝鮮半島南部と北部九州をむすびつけるネットワークとは、どのようなものか。当時の日朝の沿岸や島々には、「海村」が点在していた。海村では漁撈具がたくさん出土するけれども、稲穂を刈るための石包丁《いしぼうちょう》はあまり出土しない。したがって、農耕よりも漁撈をなりわいとしていたことがわかる（武末二〇〇九）。

また、海村の人びとは優れた航海技術をもっていて、対外的な交易もなりわいのひとつだった。弥生時代後半になると、各地の海村で楽浪土器や中国銭貨がめだつようになることがそれを裏づける。このような海村に住む人々を海民《かいみん》とよぶ。

このように、半島南部の海村と西日本の海村の間には、互いに行き来し交易するような日常的なつながりがあった。その交易は、単なる物々交換ではなくて中国銭貨が用いられた可能性もある（武末二〇〇九）。このような交易を通して海村の一部が、勒島遺跡のように港町へと発展したり、あるいは原の辻遺跡のように、新しく交易のための前線基地が整備されたりした。

おそらくは、半島南部と北部九州をつなぐ海村のネットワークが基盤にあって、そのネットワークを有力な国々がとりこんでいくように金海―北部九州ルートが整備された。そして、北部九州の人びとだけではなくて西日本各地の人びとも、海村のネットワークを利用して半島とつながるようになった。だから、勒島遺跡で西日本各地の土器が出土するのだろう。

さらに、このネットワークが日本列島の河川や陸路とむすびつき、交易の範囲は西日本の内陸はむろんのこと、東日本へも広がっていった。例えば、神奈川県海老名《えびな》市の河原口《かわらぐち》坊中《ぼうじゅう》遺跡では、長さ全長二八・五センチメートルの長大な板状の鉄斧《てっぷ》が出土している。これは朝鮮半島中南部で製作されたものと考えられる。また、長野県木島平《きじまだいら》村根塚《ねづか》遺跡では、木棺墓から渦巻文様の装飾がつけられた長剣《ちょうけん》が出土している。これとよく似たものが狗邪国の中心墓地（良洞里遺跡）から出土しているので、狗邪国からもちこまれた可能性が高い。そして、三世紀より後の例になるが、長野市浅川端《あさかわばた》遺跡では青銅でつくられた馬を模した帯鉤《たいこう》（腰帯を締めるための金具）が出土している。これは半島中西部（馬韓）からもたらされたものだろう。

長野県木島平村根塚遺跡7号木棺出土の長剣（木島平村教育委員会）

以上のように、海村のネットワークと金海―北部九州ルートが両輪となって、日本列島と朝鮮半島はつながり、さかんに人びとやモノが往来していた。このような関係は、交易の拠点がうつりかわる中でも、三世紀にいたるまで維持されていった。そのつながりが、冒頭でみたように『三国志』に記録されたのである。

そして、日本列島で古墳時代をむかえた三世紀後半になると、倭韓のつながりはより多様なものとなっていく。

2　連動する交易港

国際的な交易港──西新町遺跡

倭韓の活発な交易が続くなか、古墳時代をむかえた三世紀後半になると、博多湾沿岸に国際的な港が整備される。それが福岡市西新町《にしじんまち》遺跡だ。博多湾に面していて、港として最適の立地である。もともとは博多湾沿岸に点在する集落のひとつにすぎなかったが、三世紀後半になると規模が大きくなり、さまざまな特徴をみせるようになった。

その特徴は、多くの住居にカマドが備わっていること、多量の朝鮮半島系土器が出土していること、列島各地からも多くの土器がもちこまれたことである。これは西新町遺跡が対外交易の一大拠点として変貌をとげた証拠となる（久住二〇〇七）。それはなぜか。

当時の倭では暖・厨房施設は炉であり、カマドが普及するのは五世紀である。これに対して西新町遺跡では数十棟の住居にカマドが備わっていた。これは西新町遺跡にカマドを住居に備える慣習をもっていた人びとが居住していたことをしめす。それは、朝鮮半島から渡ってきた人びとのほかには考えにくい。

それを裏づけるように、住居から多量の朝鮮半島系土器が出土している。詳しくみると、半島中西部から南西部（馬韓）のものと、東南部（弁・辰韓）のものがあり、遺跡全体では前者が多い。また、炊事のための鉢《はち》や甑《こしき》もかなり出土している。甑とはカマドにかけて使う蒸し器のことだが、これも日本列島では五世紀になって普及する新しい調理器具だ。

福岡市西新町遺跡出土の朝鮮半島系土器（福岡市教育委員会）

このようなカマドや朝鮮半島系土器の存在から、西新町遺跡に朝鮮半島の各地から人びとが渡ってきて滞在していたことがわかる。そして、彼（彼女）らは先進の品々や技術をたずさえていた。西新町遺跡から出土する板状の鉄斧や、ミニチュアの鉄器、鉛板《なまりいた》、ガラス小玉の鋳型《いがた》などの品々がそのことをしめす。おそらく彼（彼女）らの目的は、交易にあった。

そして、近畿、山陰、瀬戸内など西日本各地の土器が多く出土することからみて、西新町遺跡に列島各地の人びとも多く集まっていた。その目的は朝鮮半島からの品々や技術を手に入れることにあったろう。このような人びとが交易のための品として準備したものについては、あまりよくわかってはいない。ただ、『魏志』倭人伝には、倭が中国の魏にヒスイなどの玉類、真珠、織物や布、「生口《せいこう》」(奴隷)などを献上していたことが記されている。このようなものだったのかもしれない。また、港近くの玉作《たまつくり》工房で生産された碧玉《へきぎょく》や水晶製の玉類もそのひとつだった可能性がある(久住二〇〇七)。

西新町遺跡は、まさしく日朝両地域の人びとが交易を重ねる国際的な港だった。この時期の博多湾沿岸をみわたすと、大規模な集落(比恵《ひえ》・那珂《なか》遺跡群)、鍛冶工房(博多遺跡群)そして玉作工房(潤地頭給《うるうじとうきゅう》遺跡)などが展開していた。それらがむすびついて交易の拠点が形成されていて、その中で西新町遺跡は交易港として機能していた。

西新町の港と倭王権

この西新町の交易港が整備される背景には、おそらく倭王権の動きがあった。三世紀中ごろに大和盆地の中南部に成立する倭王権は、権威の後ろ盾として中国王朝との交渉を重視し、二三九年から二六六年にかけて中国の魏や晋《しん》に遣使を重ねた。また、朝鮮半島から鉄を安定的に受容することをめざしていた。そこで、対外活動にひいでた博多湾沿岸の首長たちと手をむすんだようである。

その証拠のひとつに三角縁神獣鏡《さんかくぶちしんじゅうきょう》がある。この鏡は、異論も多いが、卑弥呼《ひみこ》が中国の魏へ遣使した際に魏の皇帝から下賜された「銅鏡百枚」ではないか、と考えられている。これまでのところ五六〇枚近くが出土していて、中国の魏や晋からもらったものと、それを模して倭で製作したものがある。倭王権はこの鏡に「中国からあたえられた器物」としての権威をこめて、それを列島各地の首長たちに分配することで、列島社会の統合をめざした。倭王権の側からみれば、鏡を分配した地域首長の権威を承認した、ということになる。

そして、博多湾沿岸付近の前方後円墳（例えば那珂《なか》八幡《はちまん》古墳）から三角縁神獣鏡が出土しているので、西新町の港をおさめる地域首長と倭王権が政治経済的にむすびついていたことがわかる。また、この一帯で急速に畿内の生活土器（布留《ふる》系土器）が広まることからみて、畿内からもさかんに人びとがやってきたのだろう。

さらに西日本各地にも交易拠点たる大規模な集落が点在していて、博多湾を起点とし畿内へいたる交易のネットワークが広がりをみせていたことがわかる。

西新町の海民集団

このように西新町の港の整備には、倭王権の思惑が見え隠れするわけだが、その一方で、西新町の港を古くから生業の場としていた現地の人びとがいた。西新町遺跡では、弥

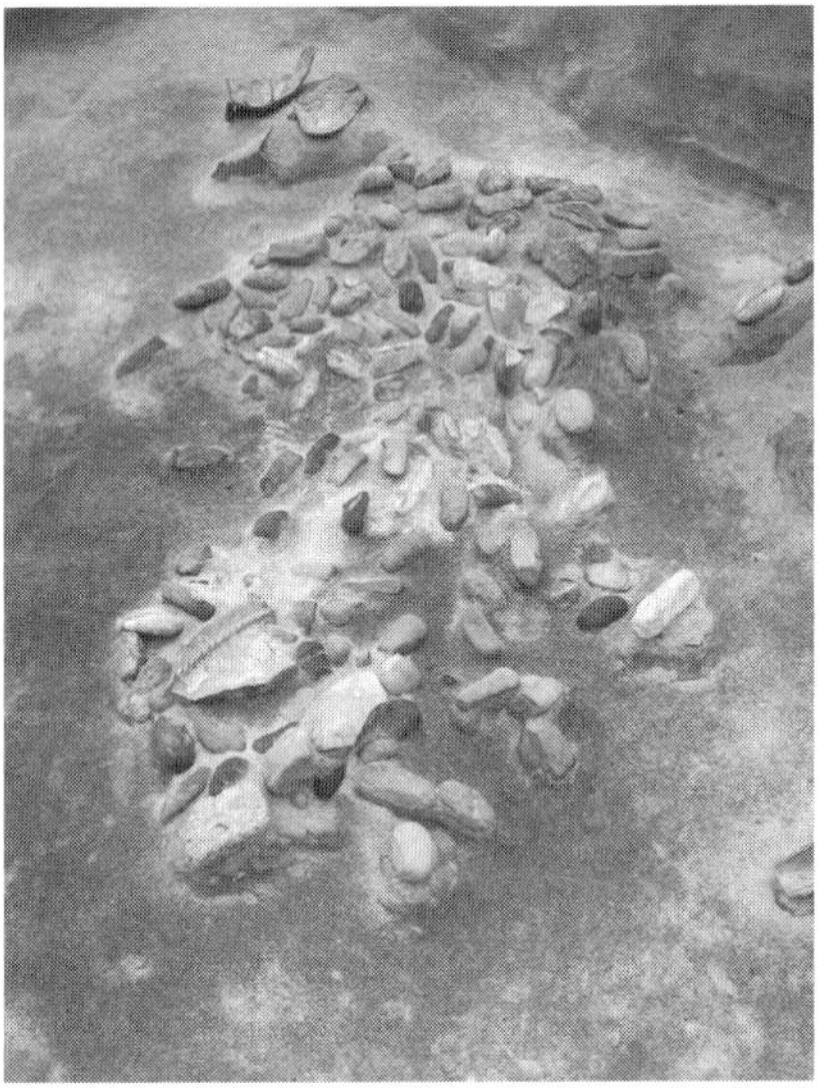

西新町遺跡に廃棄された漁網のおもり（福岡市教育委員会）

生時代後半にはすでに、人びとが暮らしていた。遺跡では穂摘具《ほつみぐ》の石包丁はあまり確認されず、漁網のおもりや釣針などの漁撈具が多く出土している。これは海村の特徴だ。また、鉄斧やガラス玉など半島から入手した品々も出土するので、西新町の人びとは海村のネットワークを利用して交易もなりわいとしていた。

　そして、三世紀後半から国際的な港として変貌をとげた後でも、漁網を廃棄した住居が確認され、タコ壺などの漁撈具が出土している。したがって、西新町の港に住んでいたのは、漁撈をなりわいとして航海技術に長け、列島各地や半島南部と日常的につながっていた海民集団だった。高い航海技術をもつ彼（彼女）らが、港の運営や航海の水先案内などを担当してはじめて、西新町は交易港として機能できた。

金海官洞里・新文里遺跡（斜めに走る道路沿いの丘陵の上が新文里遺跡の発掘現場。その向かい側が整備された官洞里遺跡。復元された船着き場がある）（東亜細亜文化財研究院）

この海民集団の長の墓（藤崎遺跡三一次調査一号墓）が確認されているが、その副葬品として、半島から入手した素《そ》環頭《かんとう》大刀《たち》と、倭王権とのつながりをしめす三角縁神獣鏡が出土したことは、示唆《しさ》に富む。

古金海湾の交易港

ここで朝鮮半島に場面を移したい。西新町遺跡が国際的な港として機能していた三世紀後半に、紀元後一世紀から北部九州との交易の中心だった狗邪国も古金海湾で国際交易港の整備を進めていた。それを物語る遺跡のひとつに金海官洞里《キメクアンドンニ》・新文里《シンムンニ》遺跡がある。

官洞里・新文里遺跡は古金海湾沿岸の西側に位置している。官洞里が港の遺跡で、

金海官洞里・新文里遺跡出土の土師器系土器（東亜細亜文化財研究院）

船を接岸して荷揚げするための桟橋と道路、荷を保管する倉庫、井戸などがみつかった。この官洞里遺跡を見下ろせる丘陵に新文里遺跡が広がっている。官洞里の港を運営していた集団の生活空間だろう。

新文里遺跡では三世紀後半ごろの集落が確認されていて、このころに官洞里の港が整備されたようだ。そして興味深いことに、出土した土器には半島西南部（馬韓）の土器や土師器《はじき》系土器が含まれていた。

土師器とは古墳時代の日本列島でもちいられた軟質の土器のこと、土師器系土器とは日本列島からもちこまれた土師器と、それをまねて現地で製作した土器の総称だ。新文里遺跡の土師器系土器は三世紀後半から四世紀初めごろにつくられたもので、北部九州の特徴をもつものと山陰の特徴をもつものがあった。

したがって、新文里遺跡の集団は官洞里の港の運営を通じて、北部九州や山陰、そして半島各地と活発に交易をおこなっていたと考えられる。

狗邪国から金官国、そして金官加耶へ

官洞里・新文里遺跡からやや内陸へはいると、古墳群や山城、鉄に関連した工房が分布している。これらは、古金海湾沿岸の西部において有機的にむすびついて、狗邪国の対外的な拠点のひとつだった。また、古金海湾の沿岸のほぼ中央には、狗邪国の王宮（鳳凰台《ポンファンデ》遺跡）や王族の墓地（大成洞《テソンドン》古墳群）が位置する。その近くにも港があったようで、船の部品も出土している。

このように遅くても四世紀には、古金海湾一帯では鉄生産と海上交易が一体として運営されていたようで、それを管理していたのが狗邪国だった。このような経済的な基盤を背景として、狗邪国は「金官国」として成長をとげた。

古金海湾の周辺に目をむければ、西方の鎮海《ジネ》地域にも四世紀になると鎮海湾を望む集落が営まれ、土師器系土器も出土している（石洞《ソクドン》遺跡）。さらにその西の馬山《マサン》湾に面した昌原《チャンウォン》地域でも土師器系土器が確認されている（城山《ソンサン》貝塚）。また、古金海湾の東方、洛東江をはさんで金海の対岸の東萊（釜山）にも倭人や半島各地の人びとが交易した港（東萊貝塚）があり、すぐ近くには有力な福泉洞《ポクチョンドン》古墳群がきずかれた。ちなみに東萊は、弁韓十二国の中の瀆盧《トンロ》国の地と考えられており、狗邪国に比肩するほどに有力だったようだ。

このように半島東南部において、海上交通に秀でたさまざまな地域には、「金官加耶系

金官国の本拠地（上）と石洞遺跡からみた鎮海湾（下）

土器」とよばれる土器が広がっていて、各地の古墳の埋葬施設や副葬品も共通性が高い。おそらく金官国を中心として相互に連携していたようだ。この社会が「金官加耶」である。

連動する交易港の整備

これまで博多湾沿岸と古金海湾沿岸における国際的な港の整備の様子をみてきた。博多湾沿岸では港の機能が西新町遺跡に集約されているのに対し、古金海湾沿岸ではいくつかの港が点在して湾全体が関門地のように機能した。このように、両者の景観にちがいはあるが、三世紀後半に国際的な交易港が整備されたということでは共通している。

港が整備された直接の原因は、北部九州―金海ルートを利用した交易が活発になり、港に西日本各地や半島西南部（馬韓）などから多くの人びとが往来していたためだろう。港やそれを運営する集団の集落から、往来する人びとによってもちこまれた土器がたくさん出土している。それだけ海村のネットワークの連繫が広がりをみせ、かつ密接になったといえる。

また忘れてはいけないのが、西新町の港では半島東南部の土器にまけずおとらず、半島中西部から西南部（馬韓）の土器がたくさん出土したことだ。その地から渡ってきた人が

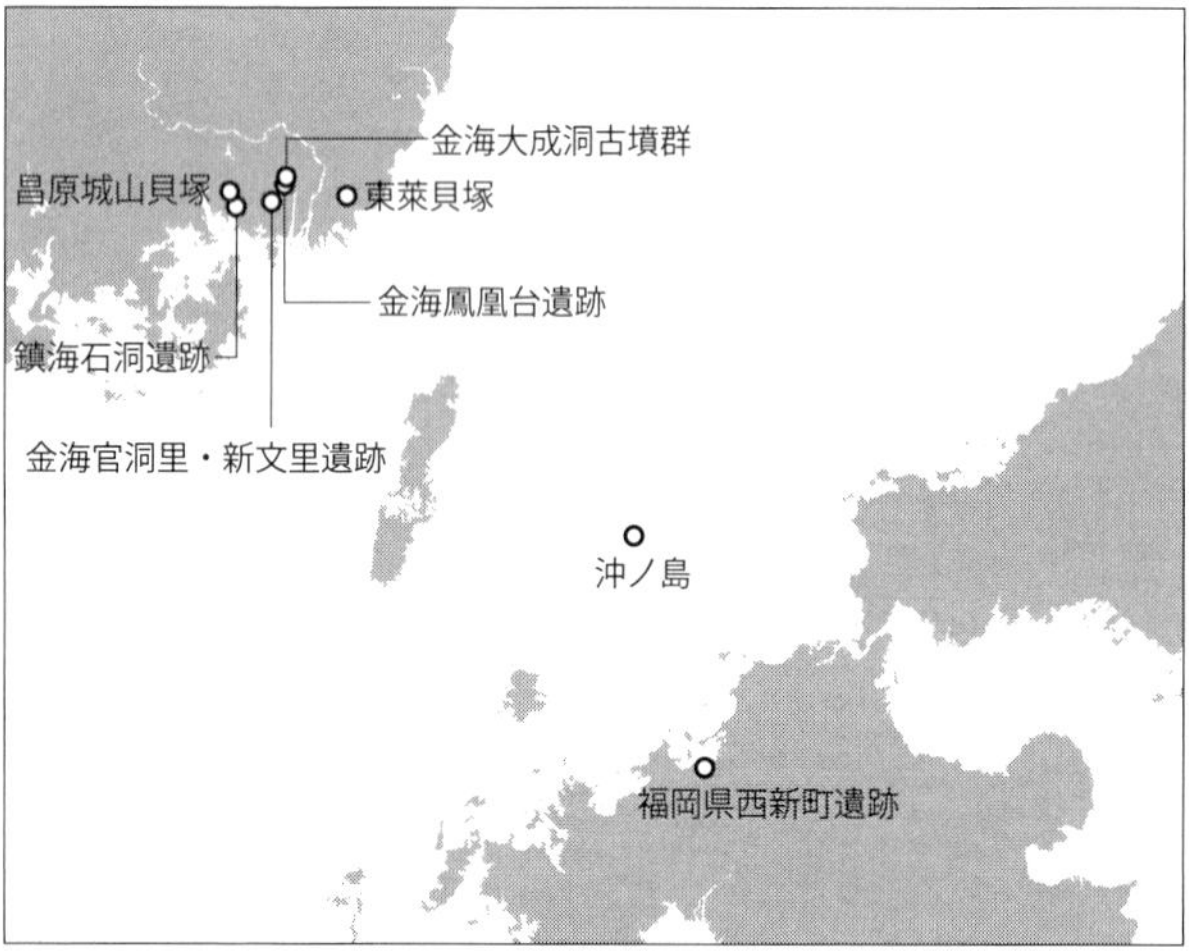

北部九州・金海・沖ノ島

西新町の港に滞在していたことは確実なので、今後は逆に、馬韓の地で交易港が確認されたり、渡海した倭人の痕跡がみつかったりすることだろう。

それともうひとつ、交易港が整備された背景として、倭王権と金官国が互いを重要なパートナーと認めたことも大きい。倭王権の側には鉄などの物資や先進文化を安定的に受容していく必要があり、そのためには金官国が重要な存在だった。だから、北部九州と手をむすんで金官国とつながろうとし、西新町の港の整備にテコ入れをした。むろん列島各地の地域社会もそこに参加していた。

金官国にとっても、鉄生産と海上交易を一体的に運営して成長を遂げていくうえで、それまでの交易相手の北部九州のほかに、倭王権とつながることには大きなメリットがあった。

このように、海村のネットワークを用いた日朝間の交易がさらに活発化したことと、その中で倭王権と金官国が互いを重要なパートナーと認識したことによって、それまでも交易の中心だった北部九州と金海に、国際的な交易港が整備されたのである。

3　王権間の通交のはじまり

倭王権と金官加耶

国際的な港としてにぎわいをみせていた西新町遺跡だが、意外にも四世紀にはいると急速に衰退し、四世紀後半には消滅してしまう。そして、西日本各地で交易の拠点となっていた集落も衰退にむかう。

それと連動するように、玄界灘に浮かぶ孤島の沖ノ島で、海上交通の安全を祈願する祭《さい》祀《し》が執りおこなわれるようになる。沖ノ島では、弥生時代後半の朝鮮半島系の土器や西日本各地の土器も出土するので、もともとは日朝の日常的な相互往来の場だったことがわかる。寄港地や祭祀場として利用されていたかもしれない。

沖ノ島全景（宗像大社・「宗像・沖ノ島と関連遺産群」世界遺産推進会議）

しかし、四世紀になると大規模な祭祀をくりかえしおこなう場へと変化した。四世紀後半の祭祀場の代表例が、沖ノ島一七号祭祀遺跡だ。巨岩の上で祭祀が執りおこなわれて、玉、車輪石《しゃりんせき》や石釧《いしくしろ》とよばれる腕飾り、そして三角縁神獣鏡をはじめとする各種の鏡などが奉献された。

沖ノ島は、博多湾を経由せずに畿内と金海を直接むすぶルート沿いに位置している。そのため、北部九州を介さずに金官加耶との直接交渉をめざした倭王権によって、航海安全の祭祀場として重視されたのだろう。沖ノ島一七号祭祀遺跡の奉献品が、畿内の大古墳の副葬品と共通する品々であることが、それを裏づける。

一方、朝鮮半島の古金海湾沿岸に目を転じると、西新町遺跡とは対照的に、四世紀になっても交易港はさらなるにぎわいをみせている。そして、金官加耶の王族の墓地（大成洞古墳群）に、新しく倭から贈られた品々が副葬されるようになった。さまざまな器物を模した碧玉製品や、盾《たて》や矢《や》筒《づつ》に取りつけた青銅製の飾り（巴形《ともえがた》銅器）などである。

このような品々は手の込んだつくりで貴重性が高い。倭では民衆が入手できるものではなく、各地の首長の間でやりとりされていた。そして、その中心に倭王権がいた。首長たちは品々をやりとりしたり保有したりすることで、互いを認めあったり、倭王権との政治的なつながりをしめしたりしていた。このような機能をもつ器物は威信財《いしんざい》とよばれる。本書でもこの用語をたびたび使う。

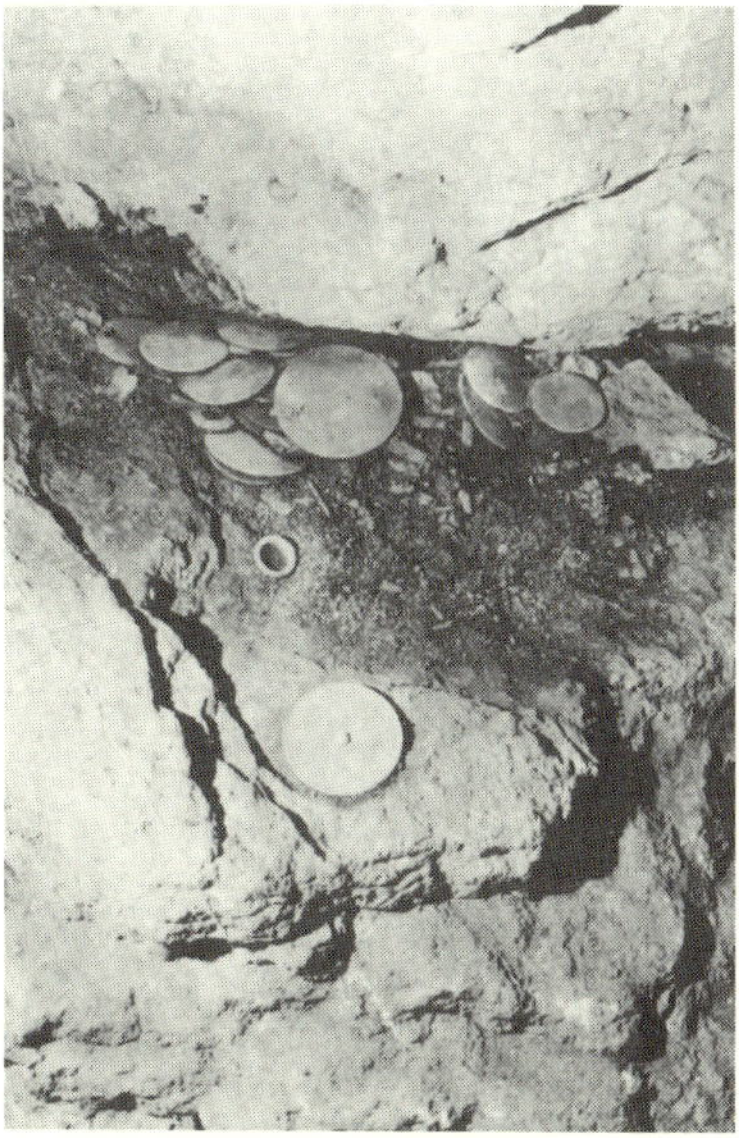

沖ノ島17号祭祀遺跡（宗像大社）

このような政治色の強い品々が金官加耶の王族に贈られたということは、倭王権がそれだけ金官加耶を重視していたことの表れである。そして、それが金官加耶の王族の墓に副葬されたということは、金官加耶の側も倭王権の意向を受け入れていたことをしめしている。すなわち、倭王権と金官加耶との直接交渉が本格化したのである。

筒形銅器の謎

実はもうひとつ、四世紀の金官加耶と倭の交渉をしめす重要な器物がある。それは筒形銅器だ。筒形銅器とは、ヤリや鉾《ほこ》などの柄の先端や、儀仗《ぎじょう》に取りつけられた筒状の青銅製品のことである。振ると音が鳴るように、筒の中に小石や玉などが入れられた。

この筒形銅器は、倭では西日本を中心に五〇基ほどの古墳から、金官加耶でも釜山や金海を中心に二五基ほどの古墳から出土する。それが倭でつくられたのかそれとも金官加耶でつくられたのか、そして倭と金官加耶の両方で出土することの意味は何か、このことをめぐって長い間議論されている。それを少し紹介してみたい。

当初、朝鮮半島で出土する筒形銅器は倭で製作されたと考えられていた。そして碧玉製品や巴形銅器と同じように、倭から金官加耶へ贈られたものとされた（福永二〇〇五など）。それが通説だった。しかし、釜山や金海での出土例が増すにつれて、逆に金官加耶で製作されて（もしくは別の地域でつくられて金官加耶を経由して）、倭へ贈られたという説や、あるいは両方で製作されたという説などが提示されるようになった。

この製作地の問題は近年も議論がさかんだ。それぞれの説に相応の説得力がある。けれども、それを製作した工房が実際にみつかったわけではない。また、倭と金官加耶ではほとんど同じころに筒形銅器を古墳に副葬することをはじめる。そのため、議論に決着をみることは、なかなか難しい。筆者も立場を留保したいというのが、率直なところだ。ただし、倭と金官加耶の筒形銅器のつくり方がほぼ同じなので、それを専門につくるような工房が、一ヵ所とは限らないが、どこかにあったことは確かである。

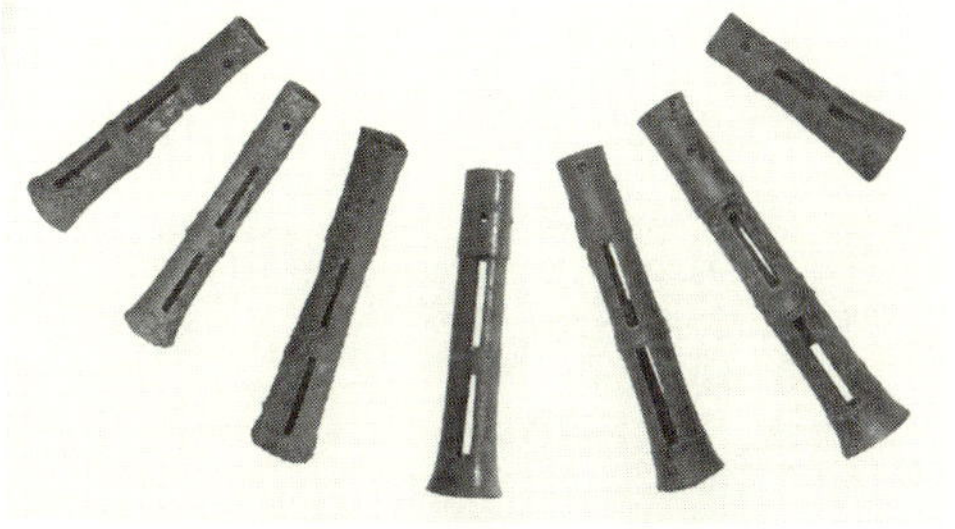

金官加耶の地で出土した筒形銅器（福泉博物館）

　また倭と金官加耶で、筒形銅器の広がりや副葬された古墳の規模、そして副葬品としての取り扱われ方を比較してみると、大きく二つのちがいが浮かび上がる（岩本二〇〇六、井上二〇一四など）。

①金官加耶では、王族や首長たちの古墳群にほぼ限定して副葬される。二、三点をまとめて副葬することが一般的で、多い時には一〇点近くをまとめている。それに対して、倭では西日本の広い範囲に点在している。大きな前方後円墳から小さい古墳にいたるまで、幅広く副葬されている。そ

れも一点だけを副葬する例が多い。したがって、日朝の分布の中心は、金官加耶の王族や首長たちの古墳群にある。
②金官加耶では、武器や儀仗の柄に取りつけて副葬することが大半だ。それは本来の使われ方といえる。しかし、倭の場合はそれ以外に、容器におさめられたり、布でくるまれたりと、宝物のように副葬されることも少なくない。

このようにみると、金官加耶の筒形銅器は、単に倭からの贈答品だったわけではなさそうだ。それよりも王族や首長だけが保有し、その間でやりとりされていた器物、すなわち金官加耶では威信財として機能していた可能性が高い。

ひるがえって倭では、畿内にややまとまるものの、西日本各地、瀬戸内や日本海沿岸などに点在している。このような広がり方は、倭王権がやりとりの中心にいた三角縁神獣鏡や巴形銅器や碧玉製品とはかなり異なる。したがって、倭王権が筒形銅器のすべてを製作したとか、そのやりとりを完全にコントロールしていた、というようなことは考えにくい。むしろ、西日本各地の地域社会それぞれが手に入れてやりとりするような場合も多かったのではないか（岩本二〇〇六）。

したがって、筆者は迷いを重ねながらも今のところ、筒形銅器は金官加耶の威信財で、重要なパートナーであることの証《あかし》として倭へ贈られたものと推測している。そして、それが西日本に広く副葬されたのは、瀬戸内や日本海沿岸などの地域社会も主体的に朝鮮半島とつながろうとしたためだろう。この推測が果たして的を射ているか。工房の発見に期待したい。いずれにしても、倭と金官加耶の直接交渉をしめす器物だということは間違いない。

晋式帯金具をめぐって

そしてもうひとつ、金官加耶と倭の交渉をかいまみることができるアクセサリーがある。それは、中国で製作された帯の金具である。これは金銅でつくられ、龍や鳳凰《ほうおう》、虎などの動物や三葉文《さんようもん》を表現した精緻《せいち》なものである。晋王朝のころに製作され「晋式帯金具《しんしきおびかなぐ》」とよばれることがある。当時の有力者の権威をしめすアクセサリーだ。

このアクセサリーは、晋だけではなくて、中国東北部（三燕《さんえん》）、高句麗、百済、新羅、そして倭と、東アジア全体に広がっている。中国東北部（三燕）では模倣品も製作されたことがわかっている。ちなみに三燕とは、五胡十六国《ごこじゅうろっこく》時代の中国東北部に存在した前燕《ぜんえん》—後燕《こうえん》—北燕《ほくえん》のことである。

倭での出土例は限られていて、今のところ奈良県新山《しんやま》古墳と兵庫県行者塚《ぎょうじゃづか》古墳くらいで

晋式帯金具。兵庫県行者塚古墳出土品（上の6点）と大成洞88号墳出土品（下の4点）（加古川市教育委員会・大成洞古墳博物館）

ある。その製作地は製作技術の高さからみて、まず中国と考えてよい。それがどのように倭へもたらされたのだろうか。中国から直接もちこまれたのだろうか。それとも、別の社会を経由したのだろうか。

この問いを考える時に、行者塚古墳で晋式帯金具が出土した状況が重要だ。行者塚古墳は墳丘の長さが約九九メートルの前方後円墳で、四世紀後半から五世紀初めにきずかれた。その発掘調査によって、埋葬施設とは別に副葬品をおさめるための箱が確認され、その中から、馬具や鉄斧などとともに、晋式帯金具が出土した。

注目されるのは、この馬具と鉄斧である。まず、鉄斧は鋳型に溶かした鉄を流しこんでつくったもの（鋳造《ちゅうぞう》）で、まず朝鮮半島からもちこまれたと考えてよい。金官加耶でも多く出土する。また馬具は日本列島で最初期のもので、朝鮮半島からもたらされたか、渡来人によって倭でつくられた可能性が高い。これと同じような馬具は金官加耶で出土している。それらと晋式帯金具が一緒に副葬されているということは、鉄斧や馬具（をつくった人）と一緒に、金官加耶から晋式帯金具が倭へもちこまれたと考えるのが自然だ。

ただしこの考え方にはひとつの弱点があった。それは金官加耶の地で晋式帯金具が出土していなかったことである。それが、最近の発掘調査によって、王族の墓（大成洞七〇、八八号墳）から実際に晋式帯金具が出土した。さらに、別の墓（九一号墳）では、中国東北部の馬具が出土していて、金官加耶が中国系の品々を輸入していたことが確実となった。したがって、倭の晋式帯金具は、晋や三燕から直接贈られたというよりも、中国の品々を輸入していた金官加耶との交渉の中で贈られたと考えるべきだろう。

当時の朝鮮半島情勢

以上のように、四世紀になって金官加耶と倭は、活発な交渉を重ねるようになっていた。どうして、両者は活発に交渉し、威信財をやりとりしながら、互いを重要なパートナーと認めあう必要があったのか。それを理解する手がかりは、当時の朝鮮半島情勢にある。

この時期に、朝鮮半島北部では高句麗が成長を遂げていた。中国の魏に攻められるなどの危機もあったが何とか乗り越え、逆に三一三年に楽浪郡、三一四年には帯方郡を滅ぼす。その後も中国王朝との関係に苦慮しながらも、徐々に半島中南部への侵攻をめざすようになる。一方、朝鮮半島中西部では馬韓の伯済国《ペクチェ》を中心に成長を遂げた百済が、東南部では辰韓の斯盧国を中心とした新羅が、それぞれ勢力を広げていた。

四世紀後半になると、楽浪・帯方の故地をめぐる高句麗と百済の対立が、深刻なものとなった。そして、三六九、三七一年には実際の戦闘にいたる。その後も、長らく百済と高句麗の対立は続いた。逆に新羅は高句麗との関係を深めて従属的な姿勢をとるようになっていた。

このような高句麗と百済の対立を中心として緊迫化する情勢は、金官加耶にとっても無関係ではなかった。特に、高句麗の力を背景として成長する新羅とは、洛東江をはさんで対峙する関係にあった。それに対抗するため、金官加耶は金官国を中心に政治的にまとまる必要があった。その基盤となったのが、南海岸の航路と洛東江の結節点という地勢を活かし、鉄生産と海上交通を一体として運営し、さまざまな社会と鉄をめぐる交易を積極的に展開することだった。だから倭を重要なパートナーと認識したのだ。王族の墓に倭からもたらされた品々が副葬されていることが、そのことを如実に物語る。

一方、倭についてみると、二六六年以降、中国へ遣使したという記録はみられなくなる。そして四世紀に入り、楽浪・帯方二郡が高句麗によって滅ぼされてしまうと、おそらく中国との直接的な関係はほぼ絶たれた。このような状況で、鉄をはじめとする必需物資や先進文化の安定的な受容をめざして、倭王権は金官加耶との直接交渉を本格化させたのである。

百済との通交

このように、緊迫化する朝鮮半島情勢、もう少し具体的にいえば高句麗の南下の動きが遠因となって、金官加耶と倭王権は直接交渉を重ねるようになった。それとともに、日朝関係の動向を大きく左右する動きがあった。それは、百済や新羅も倭とつながる動きをみせたことである。ここで百済と倭、新羅と倭の関係に話を移していきたい。まず、百済と倭についてである。三六四年、百済は倭と正式に通交するために動く。

百済が倭との通交を求めてきた経緯は、『日本書紀』神功《じんぐう》四六年三月条に描かれている。その流れをまとめてみよう。

百済の王陵（ソウル石村洞2号墳）

①三六六年に倭の使者（斯摩宿禰《しまのすくね》）が「卓淳国《とくじゅんのくに》」を訪れた際、卓淳国の首長（旱岐《かんき》）から次のような話を告げられる。

②「百済の使者三人（久氐《くてい》・弥州流《みつる》・莫古《まくこ》）が二年前に来訪し、倭との通交を求め、われわれ（卓淳国）に倭への道程をしめしてくれるように言ってきた。しかしわれわれも倭との通交がなく、道程をしめすことができなかった。すると百済の使者たちは、倭国の使者が卓淳国を訪れることがあれば百済へ連絡してくれるように、と依頼して帰っていった」

③この話を聞いた倭の使者（斯摩宿禰）は、みずからの従者（爾波移《にはや》）を百済へ送った。その際に、卓淳国の首長はみずからの臣下（過古《わこ》）をともに送った。

④百済王は深く歓喜して厚くもてなした。従者に五色綵絹《いつくさのしみのきぬ》・角弓箭《つののゆみや》・鉄鋌《ねりかね》を与えるとともに、宝物庫を開いてさまざまな珍宝をみせて、倭に貢献する用意がある旨を伝えた。

⑤従者は卓淳に戻り、百済王の意を主人たる倭の使者（斯摩宿禰）へ伝えた。
そして、翌年に②で登場した百済の使者三人（久氐・弥州流・莫古）が倭へ派遣され、両者の通交が正式に開始された。

①〜⑤の内容の信憑性については、おおよそのことは認められている。すなわち、高句麗との対立を深める百済が、倭との連繫を模索したのである。このことを象徴的にしめすのが、奈良県天理《てんり》市の石上《いそのかみ》神宮に所蔵されている七支刀《しちしとう》だ。これは『日本書紀』神功五二年条に百済から贈られたとの記載がある「七枝刀一口」にあたり、その表裏に刻まれた銘文の内容から、百済王の世子《せいし》が倭王のために製作、贈呈したものである。

このように、百済と倭の王権間の通交は、百済側からの接近によってはじまった。ここで注目できるのは、それを仲介した卓淳《タクスン》国である。卓淳国の位置については、百済と倭をつなぐ航路沿い、すなわち海を望む地域と考えることが必要だ。現在のところ、金海の西方、馬山湾に面した昌原・馬山付近とされている（田中二〇〇九）。

昌原・馬山は、金官加耶系土器や土師器系土器が出土している。また、墓の構造や副葬品も金海とよく似ている。なので、卓淳国は金官加耶を構成する国のひとつだろう。百済の倭との通交が、金官加耶（に属する国）の仲介によって開始されたことは象徴的で、高句麗の南下政策に対応しようと、ここに百済―金官加耶―倭の関係が樹立された。

新羅と倭

それでは新羅と倭の関係はどうだったのだろうか。新羅が、四世紀後半になると高句麗との関係を深めていったことは、すでに触れた。三七七、三八二年に新羅は中国の前秦《ぜんしん》へ遣使しているが、これには高句麗の助けがあった。また、四世紀末から五世紀初めにかけて、高句麗へ高位の人を「質《むかわり》」として派遣した。

ちなみに、「質」とは、今の「人質」という意味合いよりも、交渉の相手先に派遣されて、そこでみずからが属する社会の交渉目的を代弁するような人をさす。古代にはさかんに「質」のやりとりがあった（仁藤二〇〇四）。

このように、高句麗との対立を深める百済とは対照的に、新羅は高句麗に従属していくことで、その南下政策に対応した。また、高句麗の力を背景に、洛東江より東側の地域に勢力を拡大させていった。

一方で考古学的にみると、四世紀に倭ともつながりをもっていたようだ。新羅の中心の慶州《キョンジュ》で出土した倭系の品々が、その徴証となる。例えば、中小の貴族層の墓地（月城路《ウォルソンロ》古墳群）では、土師器系土器や、碧玉製の腕飾りが副葬されている。また、近年の研究では、四世紀後半から六世紀にかけて新羅で流行したヒスイの勾玉《まがたま》が、新潟県の糸魚《いとい》川《がわ》流域で生産されたという説も提出されている。

特に碧玉製の腕飾りは、倭において倭王権を中心にやりとりされた威信財のひとつだ。それが新羅の中心で出土したことの意義は大きく、新羅と倭王権が四世紀にはすでにつながりをもっていた可能性がある。『日本書紀』ではよく、両者が敵対的な関係として描かれるが、決して没交渉だったわけではない。次章からみていくように、五、六世紀には継続して交渉を重ねている。その端緒が四世紀後半に開かれていたことを、ここでは確認しておきたい。

月城路カ-29号墳出土の碧玉製の腕飾り（国立慶州博物館）

王権間の通交と地域社会

これまで四世紀における日朝関係の動向を述べてきた。まず、金官加耶と倭王権の交渉回路が着実につながり、そのパイプは太いものとなった。それによって、倭では博多湾沿岸を起点とする交渉の形は再編された。一方で、金官加耶では古金海湾の交易港が繁栄をみせていた。そして、百済や新羅と倭の通交も、それぞれ四世紀後半には開始された。その背景には、高句麗の南下など徐々に緊迫化する半島情勢や、倭王権の先進文化の安定的な受容の動きがあった。このように、四世紀後半は、日朝の王権間の外交が開始された時期だった。

その一方で、日朝の地域社会もまた、主体的な交渉活動を模索しはじめたようだ。西日本に散在する筒形銅器がそのことをしめしている。また、北部九州の地域社会は、西新町遺跡が衰退した後に新たな拠点を設けており、むしろ独自の動きを強めた。これは次章で触れる。

そして、四世紀を通じて北部九州や畿内以外の西日本各地で、数は少ないけれども、朝鮮半島系の多様な土器が出土する。朝鮮半島の側でも、四世紀になると土師器系土器は、金海や東萊など金官加耶の中心だけではなくて、むしろ南海岸沿岸の各地へと広がりをみせている。すなわち、王権間の通交がはじまる四世紀後半でも、海村のネットワークは縮小したわけではなく、依然として機能していた。その理由のひとつに当時の航海にもちいられていた船の構造や航海の仕方があるようだ。

船の構造と航海の方式

当時は「準構造船《じゅんこうぞうせん》」で船団を組んで、日朝を往来していたと考えられている。準構造船とは、丸太をくりぬいた丸木舟に船首・船尾、舷側板《げんそくいた》などの部材を組み合わせてつくった船のことである。その部品が北部九州や畿内、古金海湾の沿岸などで、いくつか確認されている。大きなもので全長十数メートルの船だったようだ。

後の史料となるが、『日本書紀』欽明《きんめい》一五年（五五四）正月条には、倭が百済に対し、一〇〇〇の兵、一〇〇匹の馬、そして四〇隻の船を贈ることが約束されている。この史料どおりとすれば、当時は一艘の船あたり、兵二五名、馬二、三頭、それらに必要な当面の水や食糧ほどしか輸送することができなかったようだ。

このような船の大きさとともに、当時の航海が陸岸の目標物を頼りに沿岸をつたって航行する「地乗《じの》り航法」だったことを考えると、王権間の外交であったとしても、それを担う使節団は、日常的な海村のネットワークを利用しなければならなかった。

したがって、このネットワークの拠点を手中におさめる集団や地域社会が、王権間の通交の影響を受けながらみずからの主体的な対外活動を模索することは、むしろ当然の成り行きだった。それが顕在化するのが次の五世紀だ。

4 「技術革新の世紀」へむかって

「広開土王碑文」と技術革新の五世紀

以上のように、四世紀代に日朝関係は大きく動く。本章を閉じる前に、この四世紀の日朝関係が、「技術革新の世紀」とよばれる五世紀へどのようにつながったのか、について見とおしておきたい。

序章でも紹介したように、朝鮮半島からもたらされた、須恵器・鉄器、金工品などの手工業生産、馬の生産、農耕や土木、暖房や炊事の施設たるカマドなど、さまざまな情報や技術、道具は、五世紀に倭に広く定着していくことになる（亀田二〇一〇）。

その背景としてこれまで重視されてきたのが、広開土王碑文に記された四〇〇年前後の時期における高句麗の南下と、それに対する倭・加耶・百済との軍事衝突だ。すなわち、この戦乱の結果、倭軍による工人の連行や半島南部の人びとの倭への大量移住があって、先進文化が倭で急速に広まった、という考え方である。この戦乱については次章で触れる。

「技術革新」の萌芽

けれども倭の「技術革新」は、四〇〇年を前後したころに突如としてはじまったわけではない。その萌芽《ほうが》は四世紀の後半にすでに認められる。例えば、須恵器生産については、兵庫県神戸市の出合《であい》遺跡の窯跡の例がある。窯や出土器の特徴からみると、四世紀後半に朝鮮半島の西南部から渡ってきた人びとが主体となって操業していた。五世紀の本格的な須恵器生産の母体とはならなかったが、朝鮮半島から土器生産の技術をもつ人びとが渡ってきて定着し、たとえ短期間ではあっても土器を生産していたことは確かである。

また、鉄器生産との関係では、四世紀にすでに倭で甲冑《かっちゅう》が生産されていることは重要だ。倭では、四世紀前半から中ごろに、細長い鉄板を革ひもで綴《と》じあわせた甲《こう》（竪矧板革綴《たてはぎいたかわとじ》短甲《たんこう》）と方形の鉄板を綴じあわせた甲（方形板《ほうけいいばん》革綴短甲）が製作されるようになった。このような甲を倭で生産できるようになったのは、朝鮮半島から甲冑製作工人が渡来し、倭の工人に対して技術伝授や研修をおこなったためである（橋本一九九八）。

その後に倭独自の発展を遂げ、四世紀後半には「帯金式甲冑《おびがねしきかっちゅう》」を組織的に生産するようになる。帯金式甲冑とは、ベルト状の鉄製フレーム（帯金）をつくって、そこに長方形や三角形の鉄板（地板）を綴じつけていくという、体系的な手法で製作された甲冑をさす。その工房は倭王権のもとで管理されていて、そこでつくられた甲冑は倭王権と地域首長の関係確認のために、列島諸地域へ分配された。

　そして、馬具も四世紀後半には倭にもたらされている。先にみたように、兵庫県行者塚古墳の副葬品箱には、朝鮮半島系の馬具がおさめられていた。その中で、馬を制御するための轡《くつわ》の中にやや特異な形のものがあり、これは、馬具製作を熟知しない工人が倭で製作した可能性がある。また、熊本県の八反原《はったんばる》二号墳でも行者塚出土品と同じような轡が出土している。それには馬の歯がともなっているので、馬具だけではなく馬自体が朝鮮半島から輸入されたようだ（諫早二〇一二）。

　さらに、新しい農工具も断続的に朝鮮半島から輸入されている。例えば、現在の鎌と同じような形の曲刃鎌《きょくじんかま》、又鍬《またぐわ》、サルポなど鉄でつくられた多様な農工具が、数は少ないけれども、三世紀後半から四世紀の古墳に副葬されている。ちなみにサルポとは、もともと水田の畔切《あぜきり》用の道具のことだが、朝鮮半島では儀仗としても機能した。倭では農工具として定着することはなかったが、儀仗としては珍重された。また、鍬《くわ》や鋤《すき》に取りつけるU字形刃先も四世紀の終わりころには、朝鮮半島から導入されている。

　以上のような状況を総合すれば、五世紀の技術革新のすべてを広開土王碑文に記録された倭の軍事活動とむすびつけることはできない。筆者は次のように見とおしている。

　四世紀には、金官加耶をはじめとする半島のさまざまな社会と倭の交渉が積み重ねられていて、また海村のネットワークによる日常的なつながりもあった。その中で「技術革新」にむすびつくようなモノ、人、情報のやりとりが活発におこなわれていた。それによって、四世紀後半には倭の社会の中に生活文化を大きく変容させていく素地ができあがり、次の五世紀をむかえた。

引用・参考文献

(日本語)

東　潮二〇一二『邪馬台国の考古学――魏志東夷伝が語る世界』角川選書五〇三
諫早直人二〇一二『東北アジアにおける騎馬文化の考古学的研究』雄山閣
井上主税二〇一四『朝鮮半島の倭系遺物からみた日朝関係』学生社
岩本　崇二〇〇六「筒形銅器の生産と流通」『日本考古学』二二　日本考古学協会
亀田修一二〇一〇「遺跡・遺物にみる倭と東アジア」『東アジア世界の成立』日本の対外関係一　吉川弘文館
久住猛雄二〇〇七「『博多湾貿易』の成立と解体」『考古学研究』五三―四　考古学研究会
武末純一二〇〇九「三韓と倭の交流――海村の視点から」『国立歴史民俗博物館研究報告』一五一
田中俊明二〇〇九『古代の日本と加耶』日本史リブレット七〇　山川出版社
仁藤敦史二〇〇四「文献よりみた古代の日朝関係――質・婚姻・進調――」『国立歴史民俗博物館研究報告』一一〇
朴天秀二〇〇七『加耶と倭――韓半島と日本列島の考古学』講談社選書メチエ三九八
橋本達也一九九八「竪矧板・方形板革綴短甲の技術と系譜」『青丘学術論集』一二　韓国文化振興財団
福永伸哉二〇〇五『三角縁神獣鏡の研究』大阪大学出版会
藤尾慎一郎二〇一五『弥生時代の歴史』講談社現代新書二三三〇

洪潽植二〇〇四「釜山東萊貝塚出土の土師器系土器」『福岡大学考古学論集――小田富士雄先生退職記念――』小田富士雄先生退職記念事業会
村上恭通一九九八『倭人と鉄の考古学』シリーズ日本史のなかの考古学　青木書店
李昌熙二〇一一「土器からみた加耶成立以前の韓日交流」『加耶の浦口と海上活動』第一七回加耶史学術会議　金海市学術委員会（韓国語）

第二章　多様化する関係——五世紀前半

1　倭系古墳からみた百済、栄山江流域と倭

高興野幕古墳の発見

二〇一二年一〇月八日、筆者は、朝鮮半島の南海岸に突きでた高興《コフン》半島に位置する野幕《ヤマク》古墳へむかっていた。勤務先の国立歴史民俗博物館と韓国国立文化財研究所との交流の一環として、野幕古墳の発掘調査に参加するためだった。調査担当者の権《グォン》宅章《テクチャン》さんから、もしかすると倭系古墳かもしれない、という連絡を受けていた。期待に胸をふくらませながら古墳に到着すると、ちょうど墳丘の調査が進行中だった。さっそく、墳丘の様子を観察しはじめた。

墳丘はよくのこっていたが、その一部は日本による植民地期につくられた神社のために削りとられていた。直径が二二メートルほどの円墳だった。その表面には、墳丘の保護のために礫石《れきせき》をはりつける葺石《ふきいし》が確認でき、さらに、墳丘上面の中央に竪穴式石室《たてあなしきせきしつ》とおぼしき埋葬施設が検出されていた。

古墳のすぐ横に設置された調査写真を撮影するためのやぐらにのぼって、その立地や周辺の景観、はるか遠くの高興湾を眺望しながら、おそらく倭系古墳だろうという思いを深

めていった。やぐらを降り、驚きを隠せないでいると、権さんが笑みを浮かべながら、

「ウェゲコブンロ　ポアド　ケンチャンスムニカ？（倭系古墳とみても大丈夫ですか？）」

発掘調査中の野幕古墳

と声をかけてきた。大きくうなずき、彼の問いに同意した。
「カヌンソンイ　ノップンゲ　アニゲッスムニカ？（可能性は高いんじゃないですか？）」
倭系古墳とは韓国考古学の用語で、倭の影響を強く受けた古墳のことをさす。野幕古墳が倭系古墳の可能性が高いと考えたのは、いくつかの理由からだった。
まず、葺石の存在だ。野幕古墳の葺石は倭の中小古墳の葺石とよく似ていた。朝鮮半島中南部の古墳に葺石はまず確認できない。近年では、栄山江《ヨンサンガン》流域の五、六世紀の古墳で確認されるようになっているが、これも倭との関係の中でとりいれられた新しい要素と考えるのが自然である。

次に、野幕古墳の竪穴式石室のつくり方が重要だった。竪穴式石室とは、石を積みあげた四壁で室をつくり、死者をおさめた後にその上部を板材や扁平《へんぺい》な石で蓋《ふた》をする埋葬施設のことだ。野幕古墳の石室をみると、石室を外から支える石積み（控え積み）が幅広く、その面がそろっていた。このような特徴は同じころの北部九州の竪穴式石室にみられるものだったので、もしかしたらその影響があるのでは、と考えた。ただ、見学した時は、石室内部の構造を調査する前だったので、ひとつの可能性として権さんに伝えた。すると、彼も同じように考えていた。

古墳の立地も特徴的だった。高興半島では、古墳が群をなしてきずかれるのが普通だが、この野幕古墳は単独できずかれていた。また、海を望む小丘陵に立地していて、今でも高興湾を干拓した農地の広がりも眺望することができた。海を意識して古墳がきずかれたことは、一目瞭然だった。このような立地は、後で触れるが、倭系古墳の大きな特徴のひとつだ。

そして、高興半島ですでに倭系古墳が確認されていたことも、野幕古墳を倭系古墳とみた理由のひとつだった。その古墳は雁洞《アンドン》古墳という。径三六メートルほどの円墳で、高興半島の南側の海蒼湾《ヘチャン》を望む低丘陵に位置する。この古墳も単独できずかれていて、その立地は野幕古墳と共通的だった。二〇〇六年に全南《ジョンナム》大学校博物館によって発掘調査がおこな

朝鮮半島西南海岸の倭系古墳

われた。その結果、雁洞古墳も墳丘に葺石をそなえ、埋葬施設は竪穴式石室だったことが確認された。そして、その内部からは倭でつくられた甲冑や鏡が出土していた。

野幕古墳をひととおり見学した後、さっそく墳丘の発掘調査に参加させていただいた。葺石がどのように設置されたのか、墳丘がどのようにきずかれたのか、について、権さんと意見をかわす中で理解していった。調査に参加できたのは一週間にすぎなかったが、充実した日々だった。

新たな倭系古墳

筆者が日本へ帰国して一ヵ月ほどた

ったある日、権さんから電話がかかってきた。権さんの声はやや興奮していた。

「高田センン、ヨクシ、ヤマクゥン　ウェゲコブニ　マッヌンゴ　カッネヨ（高田先生、やっぱり野幕は倭系古墳であっているみたいですよ）」

「ムォンガ　チョウンゲ　ナワッスムニカ？（何かいいものが出ましたか？）」

すでに埋葬施設の調査が開始されたことは、教えてもらっていた。問いに対する彼の答えは衝撃的だった。埋葬施設はやはり九州系の竪穴式石室であること、盗掘を受けていないこと、葬られた人（被葬者）は竪櫛《たてぐし》や勾玉などのアクセサリーを身に着けていたこと、そして、倭でつくられた甲冑が副葬されていたとのことだった。その甲冑は、日本列島で五世紀前半につくられたものの可能性が高かった。

権さんが日本列島の同じような古墳の例を探しているというので、早速、関連する古墳の調査報告書や論文を送ることを約束した。そして、再び現地を見学させてもらいたいと、お願いをした。権さんは快諾してくれた。

ちょうど韓国へ出張する予定があったので、日程を一部変更して一一月二八日にふたたび高興へむかった。高興のバスターミナルで権さんと会い野幕古墳へ到着すると、竪穴式石室の調査が佳境をむかえたところだった。多忙な権さんの邪魔にならないよう注意しながら、竪穴式石室の構造や、さまざまな副葬品、特に甲冑や武器の特徴を観察した。

野幕古墳と竪穴式石室（国立羅州文化財研究所）

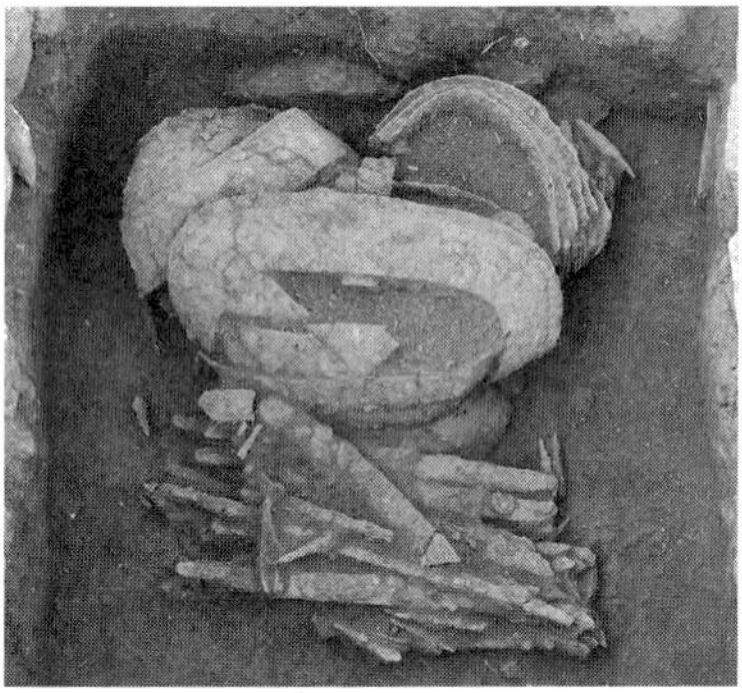

野幕古墳の副葬品（国立羅州文化財研究所）

副葬品の多くは、五世紀前半の日本列島の古墳によくみられるものだった。また、竪穴式石室は、やはり北部九州のものと共通の構造だった。むしろ、野幕古墳では現地の古墳の特徴を探すことが難しく、野幕古墳が倭の墓制《ぼせい》にのっとってきずかれているとの思いを強くした。墓制とは、古墳をどこにきずくかという場所の選定から、実際の古墳の造営、そして死者を弔《とむら》う儀礼まで、古墳にまつわる一連の方法や慣習のことをいう。これからよく使う用語なので、覚えていただきたい。

倭の墓制にのっとってきずかれた野幕古墳の被葬者は誰か。その築造背景はどのようなものなのか。二、三時間ほどの限られた時間での見学だったが、得るところは本当に大きかった。バスターミナルまで見送りに来てくれた権さんと再会を約束しつつ、高興を後にした。野幕古墳の発掘調査報告書は二〇一四年に刊行された（国立羅州文化財研究所二〇一四a）。

近年、朝鮮半島の西南海岸の各地で、野幕古墳のような五世紀前半ごろにきずかれた倭系古墳の確認があいついでいる。朝鮮半島の西南海岸をつたう沿岸航路が、倭と百済、栄山江流域の主要な交渉ルートだったことを具体的にしめす資料だ（国立羅州文化財研究所二〇一四b）。ここでは、倭系古墳に葬られた人の性格や、それがきずかれた背景を探りながら、当時の百済・栄山江流域と倭の交渉をみていこう。

倭系古墳の特徴

最初に倭系古墳の特徴を整理する。まず立地をみると、海を望む丘陵の頂や多島海の小島にきずかれている。また、周囲に古墳群がなくて独立して立地する点も特徴である。その被葬者が、現地の人びとから異質な存在――我々とは何かちがうなと思わせる存在――として葬られたことの証だ。

次に墳丘をみると、いずれも中小の円墳で墳丘に葺石が葺《ふ》かれている場合がある。埋葬施設は、竪穴式石室や板石を箱状に組み合わせた箱式石棺だ。その特徴は北部九州との関連が深い。

副葬品をみると、倭系の甲冑が副葬されている点が特筆される。おおむね五世紀前半に製作された最新の甲冑だ。また、倭系の武器も出土する場合が多い。そのほかに、竪櫛や勾玉という装身具のセットや、武具と鏡をともに副葬する慣習がみられ、これも倭の墓制

新安ベノルリ３号墳の立地（上）と竪穴式石室（下）（東新大学校文化博物館）

と共通する。

ただし、倭系の副葬品だけがおさめられたということでもない。特に、先ほど紹介した雁洞古墳から出土した冠帽《かんぼう》や飾《かざ》り履《くつ》などのアクセサリーは、当時の最高水準の技術でつくられたものだ。おそらく百済の王都（漢城《ハンソン》、現在のソウル）で製作され、百済王権から被葬者へ配付されたものである。

このように倭系古墳は、西南海岸に単独できずかれ、倭、特に北部九州の中小古墳の墓制にのっとってきずかれた。一方で、雁洞古墳から出土した冠や履などのアクセサリーは、被葬者が百済王権ともつながっていたことをしめす。

雁洞古墳出土の冠帽（全南大学校博物館）

五世紀前半の百済、栄山江流域

次に、四世紀末から五世紀前半の百済、栄山江流域と倭の関係について整理する。前章でみたように、四世紀後半の百済は、高句麗との熾《し》烈《れつ》な抗争のさ中にあり、友好的な社会との協調が不可欠となっていた。そのために、中国の東晋へ遣使したり、倭とも卓淳国《タクスンこく》を介して通交を

霊岩沃野里方台形墳（国立羅州文化財研究所）

開始したりした。

　しかし、広開土王碑文に記されているように、百済は三九六年に高句麗に大敗してしまう。「五八城七百村」を奪取され、多くの奴隷や織物を高句麗に献上し、高句麗に服属することを誓わされた。けれども、翌年にはこの高句麗との誓いをやぶり、王子である腆支《ジョンジ》を倭に「質」として派遣し、倭と友好関係をむすんだ。ただ必ずしも、高句麗の南下に対する有効策とはならなかったようだ。

　一方で、栄山江流域を中心とする朝鮮半島西南部では、四世紀には百済圏とは異なる墓制が広まっていた。楕円形や台形の低い墳丘に、甕棺《かめかん》や木棺をいくつも設置する古墳が特徴である。このような伝統を「多葬《たそう》」という。

そして、五世紀前半ごろになると、より高くより大きな墳丘に、それまでの甕棺や木棺に加えて、箱式石棺や竪穴系横口式石室《よこぐち》(竪穴式石室の四壁のひとつに死者を埋葬するための開口部を設けたもの)などを設置する「方台形墳《ほうだいけいふん》」が新たに出現する。この方台形墳でも多葬の伝統は維持されていて、副葬土器も地域的な特徴が強い。この栄山江流域の独特な墓制は、百済に統合される六世紀後半までつづいた。

高大な方台形墳の登場は、百済とはまた異なる社会が栄山江流域に存在し、それがかなりの成長を遂げたことを意味する。栄山江流域の古墳や集落からは、倭系、加耶系、百済系などさまざまな外来系の品々が出土する。したがって、活発な対外活動が成長のひとつの要因だったことは確かである。この社会を、それまでの馬韓(の残存勢力)と把握するむきもある。

以上のように、五世紀前半に百済は度重なる高句麗の南下へ対応するため、倭との提携を進めた。倭にも先進文化の受容という目的があり、これに呼応した。そして栄山江流域も活発な対外活動をおこなっていて、その相手のひとつに倭がいた。

海上交通を基盤とする集団

このような情勢の中で、朝鮮半島の西南海岸に倭系古墳はきずかれた。西南海の海岸線は複雑に入り組んでいて、潮汐《ちょうせき》の干満の差が大きい。特に、倭系古墳が位置する一帯は、多島海でせまい海峡がつづき、強い潮流が発生する。

当時、西南海岸をつたって航海するためには、複雑な海上地理、潮流を正確に把握する必要があった。それを熟知していたのは、西南海岸の各地に、もともとから居住していた集団だった。ここで、その姿を描いてみたい。

例として、野幕や雁洞などの倭系古墳がきずかれた高興半島をみてみよう。高興半島は、栄山江流域と加耶の境界が接する地域だ。この地域の集団の姿を確認できる遺跡に、高興半島のねもとに位置する掌徳里《ジャンドンニ》獐洞《ジャンドン》遺跡がある。

獐洞遺跡では、低い墳丘に溝をめぐらせて、その中に複数の木槨《もっかく》（木材を箱状に組み合わせて設けた埋葬施設）を設置するM一、M二号墳と、墳丘をもたない木槨墓一〇基が確認された。これらは四世紀後半～五世紀前半ごろにきずかれた。木槨や溝から出土した土器は、金官加耶系、慶南西部（小加耶）系、栄山江流域系とさまざまだ。また、M一、M二号墳が多葬であることは栄山江流域と共通する一方で、木槨を埋葬施設にもちいていることは、むしろ加耶とのつながりが深い。

このように、獐洞遺跡を墓地とした集団は、加耶と栄山江流域の墓制をミックスしたような独特な古墳をきずいていた。そのことから、加耶や栄山江流域と活発に交易しながら、その墓制を受け入れていたことがわかる。獐洞遺跡の立地が、南海岸から内陸へいたるルート沿いにあたることも、これを裏づける（李暎澈二〇一二）。

また、野幕古墳の近く、高興湾に面した平野にはいくつかの集落が営まれている。これらの集落からは、栄山江流域や加耶の土器、そして倭の須恵器、さらに子持勾玉という倭特有の勾玉が出土していて、やはり活発な海上交易をおこなっていた集団がいたようだ。

このように西南海岸には、海上交通を経済的な基盤とし、東西に活発な交易をおこなう集団が点在し、人やモノが往来するネットワークが広がっていた。これは、日常的な海村のネットワークそのものだ。

倭系古墳の被葬者と造営の背景

これまで、半島西南海岸の倭系古墳の特徴、五世紀前半の百済と栄山江流域の状況、そして西南海岸の海村ネットワークを整理してきた。これにもとづいて、倭系古墳の被葬者がどのような人物だったのかについて考えてみよう。

西南海岸の「倭系古墳」は、単独できずかれていて、その周りに古墳がつらなることはまずない。したがって、その被葬者は現地に長く定住していて死をむかえたというよりも、現地の人びとにとって何か異質な存在として葬られたと考えられる。また、海を望む地にきずかれたということは、葬られた人が海上交通にたずさわっていたことを暗示する。そして、北部九州の中小古墳の墓制にのっとって古墳がきずかれ、さらに倭王権とのつながりをしめす甲冑が副葬されている。

このような古墳の特徴にみあう被葬者の姿とは、倭の対百済、栄山江流域の交渉を実際に担い、海へくり出したけれども、任務遂行の途中で死を迎えた人だろう。いうなれば倭系の渡来人で、その出身地は北部九州だった可能性が高い。

ただし、雁洞古墳で百済系のアクセサリーが副葬されていることは重要である。その被葬者が倭の意向だけで活動していたのではなく、百済とも深い関係にあったことを示しているからだ。いうなれば、倭、百済、栄山江流域の境界で活動して、それぞれを取りむすぶような境界性、複属性をそなえた人だった。

このように、倭系古墳の被葬者の姿は描くことができるわけだが、そうするともっと重要な問題がある。それは倭系集団が、どのようにして百済や栄山江流域へ航行することができたのか、ということだ。

西南海岸の複雑な地理を考慮すると、倭系集団だけでは沿岸航路の航行は難しかったはずで、その地を熟知した現地の集団の仲介や協力が不可欠だった。おそらくは、倭系集団は西南海岸に広がる海村のネットワークを活用し、航路沿いに点在する海民集団との交流を重ねながら、海村を寄港地とすることや航行の案内を依頼していたのだろう。
だから、倭系集団と在地の地域集団がともに「雑居」するような状況がうまれ、その関係の中で倭系古墳はきずかれたと考えてみたい。

女木島付近の多島海

女木島丸山古墳の性格

倭と百済、栄山江流域との交渉に、島嶼部《とうしょぶ》や沿岸の集団が深くかかわっていたことを示す例は、倭でも確認できる。実は、序章で紹介した百済系耳飾が出土した女木島丸山古墳が、その好例である。序章では、耳飾をつけた被葬者を百済から倭へ渡ってきた人、もしくは百済と密接な関係にあった人とみて、倭と百済の間を往来しながら両者をつなぐ役割を担っていたと考えた。

女木島からは瀬戸内海はもちろんのこと、当時の有力な地域社会だった讃岐《さぬき》や吉備の沿岸を広く眺望できる。また、女木島付近の海は多島海でせまい海峡がつづく。この立地が、倭系古墳のそれと同じであることに気づく。女木島にも海民集団がいて、女木島丸山古墳の造営にかかわっていた可能性はある。後で触れるけれども、五世紀の瀬戸内でも、瀬戸内海を介したモノ・人・情報をやりとりするネットワークが広がっていた。

百済から倭への使節団もまた、瀬戸内海沿岸の海民集団と交流を重ねながら、このネットワークを活用して航海したのだろう。その中で、女木島のような航路沿いの海村を寄港地としたり、任務途中で死を迎えた人を葬ったりしていた可能性が高い。

以上みてきたように、五世紀前半の倭と百済、栄山江流域の交渉は、ルート沿いの要衝に点在する集団の深い関与のもとで、積み重ねられていた。このことは、五世紀になっても、日朝をとりまく海村のネットワークによる地域間のつながりに基づいて、王権間の外交がおこなわれていたことをしめしている。

2 金官国の動揺と新羅、倭

金官国の動揺

ここからは、場面を洛東江下流域に移したい。そして、五世紀前半に高句麗の南下によって大きく動揺した金官国の姿と、それを遠因として活発化した新羅と倭の交渉について述べていく。

五世紀前半に、金官国の王族の墓地（大成洞《テソンドン》古墳群）で大型墓の造営が中断するという大きな変動が起こる。長年にわたって加耶考古学をリードしてきた申敬澈《シンギョンチョル》氏は、その背景には広開土王碑に記された四〇〇年の高句麗による金官国への侵攻がある、と考えた。碑文では次のように記す。

広開土王碑（国立中央博物館）

三九九年に新羅が、自国に倭人が満ちあふれているので何とかしてほしいと、高句麗に救援を求めた。そこで翌年に広開土王が軍勢を派遣して新羅を救援すると、「倭賊」は退却した。その背後を急追し、「任那加羅の従抜城《ジョンボルソン》」にいたると、その城はすぐに「帰服」した。

碑文にみえる「任那加羅」は金官国のことで、「従抜城」は金海にあったようだ。

申敬澈氏は、この事件を契機に金官加耶は

急速に衰退し、ほどなく事実上の滅亡をむかえたとみた（申敬澈・金宰佑二〇〇〇）。碑文の記載と金官国の中心墓地の造営中断を関連づけた見解は、今でも高い支持を受けている。

新羅へ侵入した倭とは

これまでの研究では、広開土王碑に記された「倭賊」とは、百済―加耶―倭という連携のもとで、おそらく百済の要請によって新羅圏に侵入した倭の軍勢と考えられている。高句麗に従属していた新羅へ侵入したのは、高句麗の南下へ対抗する目的があったとされる。

ただし、倭がどれくらいの兵力を送ったのかについては、よくわかっていない。碑文が記す通りに、三九九～四〇〇年にかけて新羅――おそらくは首都の慶州――に倭の大規模な軍勢が駐留していたとすれば、その期間は短くても数ヵ月におよんだはずである。とすれば、それを維持するための兵站《へいたん》が必要だったはずだ。

しかし、新羅の首都だった慶州では、さかんに発掘調査がおこなわれているけれども、多くの倭人がまとまって滞在していたような遺跡は発見されていない。誤解を恐れずにいえば、豊臣秀吉による文禄・慶長の役（壬辰倭乱《イムジンウエラン》）の時には、日本の軍勢が駐屯した「倭《ウエ》城《ソン》」がさかんにきずかれて、朝鮮半島南部の各地に今も残っている。そのような兵站地が

広開土王碑と新羅・金官加耶

確認されていないのだ。

これから確認される可能性も皆無ではないので、断言することはできないけれども、これまでのところは、新羅に侵入した倭の軍勢を、倭の総力を結集したような大規模なものだったとみることは難しい。むしろ、筆者は小規模な集団にすぎなかったのではないか、と考えている。それを広開土王碑の碑文を起草した人物、もしくはそれを命じた高句麗王権が、広開土王の偉大さを引き立たせるために、強大な敵としての「倭」を演出したのではないだろうか（李成市一九九四）。

その後の金官加耶

ともあれ、金官国が高句麗の南下によっ

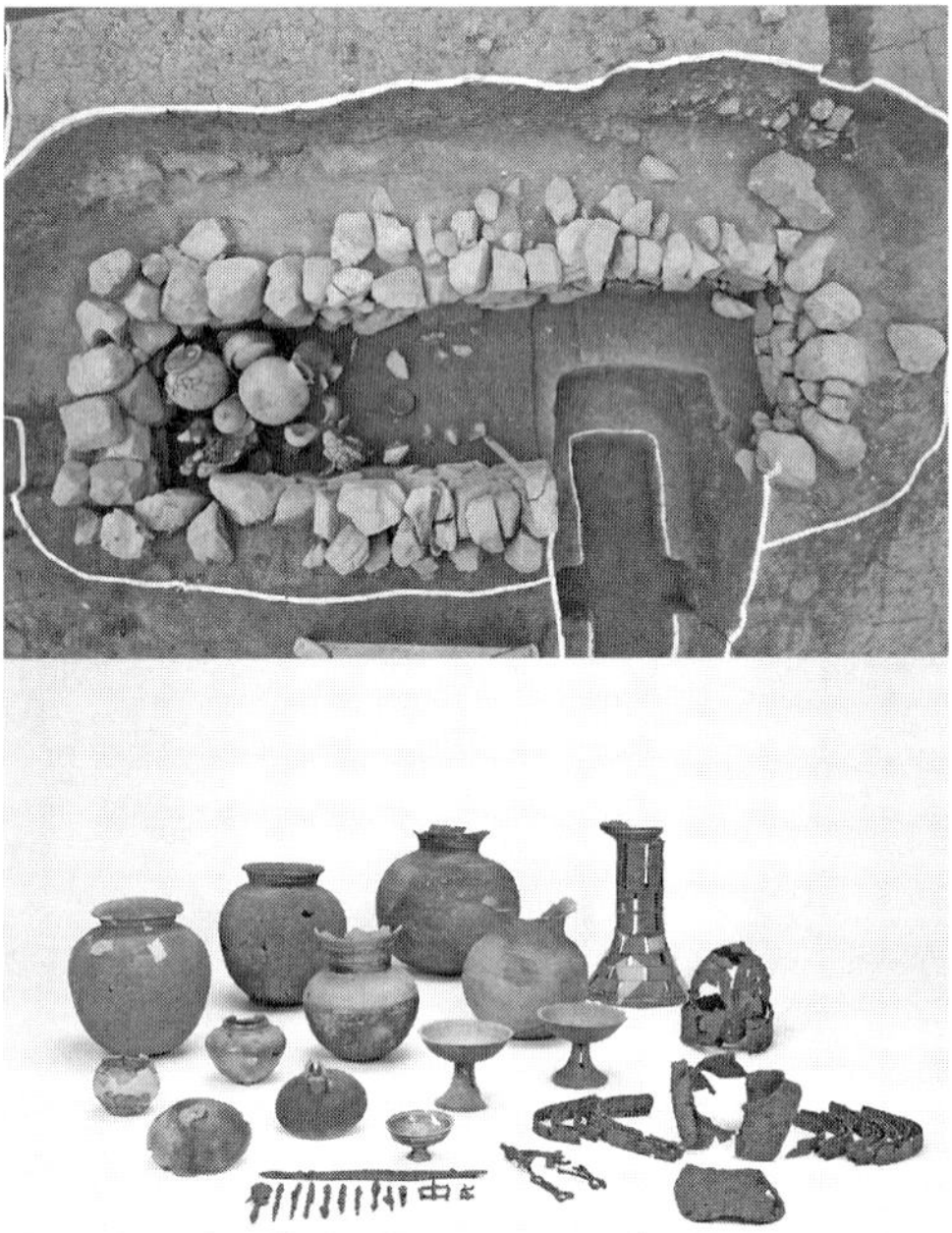

金海竹谷里94号石槨墓（上）とその出土品（下）（東亜細亜文化財研究院）

て大きな打撃を受けたことは、申氏の提言のように、大成洞古墳群での大型墓造営の中断によってうかがえる。ただし、この高句麗の南下はいうなれば一過性の出来事で、高句麗軍が金官国に駐留するようなことはなかったようだ。

そして近年の調査によって、大成洞古墳群では高句麗の南下の後にも、それまでの規模ほどではないにしても、墓の造営自体は継続していることが明らかとなった。その中には大型の墓もふくまれる。その副葬品をみると、慶南西部地域（小加耶）系、新羅系、倭系の品々がみられる。また、前章で紹介した主要な港のひとつ、官洞里遺跡も依然として機能している。そして、『三国史記』には金官国は五三二年まで存続していたことが記されている。

さらに、古金海湾周辺をみわたせば、各地の集団は、中小の古墳群をさかんにきずき、活発な対外活動を展開している。例えば、金海竹谷里《チュッコンニ》古墳群では、在地の土器以外にも多様な系統の土器が副葬されている。その中の九四号石槨《せっかく》墓では、慶南西部（小加耶）や新羅の土器とともに、倭系の冑が副葬されていた。

このように、高句麗の南下によって金官国が大きく動揺したことは確かだが、金官国自体が滅亡したわけではなくて（田中二〇〇九）、南海岸航路と洛東江をつなぐ関門地としての一応の勢力はたもっていたのである。

新羅の両面外交

その一方で、この時期に倭と活発に交渉するようになっていたのが、実は新羅だ。五世紀前半に、倭の古墳に新羅系の品々が副葬されるようになる状況が、そのことを裏づける。その代表的なものに、龍文《りゅうもん》や草葉文《くさはもん》を透彫《すかしぼ》りしたアクセサリーや馬具がある。それをまとめて龍文・草葉文透彫製品とよぶ。

このころの新羅王権は、高句麗の力を背景としながら、洛東江より東側の各地へ勢力を

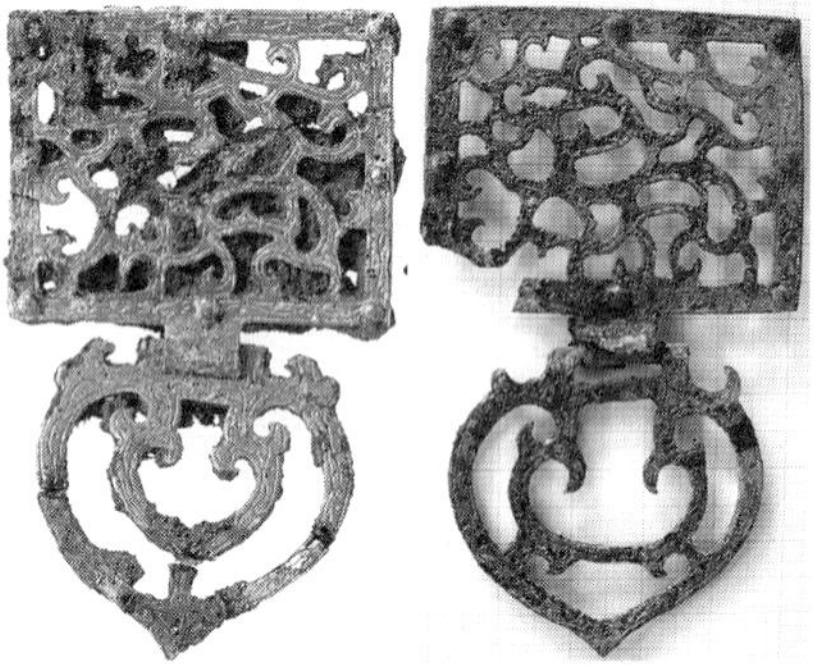

慶山林堂洞7B号墳（右）と大阪府七観古墳（左）の龍文透彫帯金具（嶺南大学校博物館・京都大学総合博物館）

広げていくが、その際にアクセサリーや馬具を地域社会へ分配、またはそれを製作できる工人を派遣して、社会の統合をすすめていた。このような新羅の威信財が倭へ贈られたということは、新羅が倭とのつながりをもとめたひとつの証だ。その目的は何か。

　四世紀後半から五世紀初めにかけて、新羅が高句麗と従属的な関係にあったこと、高位の人を高句麗へ「質」として派遣したことは、前章で紹介した。広開土王碑にも新羅が高句麗に「属民」として忠誠を強いられる状況が記されている。そして、新羅の王位継承争いに高句麗が介入するようなことも起こっていた。

　その一方で新羅は、実は倭にたいしても未斯欣《ミサフン》という王子を「質」として派遣している。このことは新羅が高句麗の影響下にありながらも、したたかに倭ともつながり、その厳しい国際環境を打開しようとしていたこと、いうなれば両面外交をおこなっていたことを物語る。すなわち、高句麗との従属的関係の解消、また新羅への倭の侵入を防ぐというような目的のもとで、倭とつながろうとしたのだ。

新羅系渡来人の墓――新沢千塚一二六号墳

このような新羅と倭のつながりを象徴する古墳がある。それが、奈良県橿原《かしはら》市新沢千塚《にいざわせんづか》一二六号墳だ。この古墳に葬られた人は、龍文透彫方形板《ほうけいばん》（冠の飾り）、垂飾付耳飾、螺旋《らせん》状の垂飾、頸飾《くびかざり》、腕輪、指輪などのアクセサリーを身に着けていた。いずれも新羅で製作されたか、もしくは高句麗から入手したアクセサリーと考えられる。

当時の新羅では、有力者たちがアクセサリーの組み合わせや、金・金銅・銀という材質の違いで政治的な身分をしめしていた。このことは一二六号墳の被葬者にも当てはまる。多彩なアクセサリーを身に着けていることから、新羅でもかなり高い身分の人が、倭に渡ってきた可能性が高い。おそらく、新羅の交渉目的を代弁して交渉を有利に展開させるように活動した、「質」のような人だったのではないか。

また、一二六号墳の周囲には多くの古墳がきずかれていて、さまざまな半島系文物が副葬されている。一二六号墳はその中心的な位置にあることから、さまざまな文化を倭に定着させた渡来人集団の統率者という側面もあった。

近年では、倭における金工技術の導入と定着に、新羅が重要な役割を果たしたことが明らかになっている。倭にもたらされた初期の馬具には、洛東江以東地域に系譜をもとめられるものも少なくない（諫早二〇一二）。したがって、五世紀前半の倭と新羅の交渉は、「質」の派遣というような限定的なものだけではなく、物資や技術者の贈与・派遣もふくめて、かなり頻繁におこなわれていたと考えられる。

当時の情勢は大きくみれば、百済―加耶―倭に対峙する高句麗―新羅という図式だったが、新羅はみずからの対外的な危機を打開するために倭ともつながっていたのだ。

東萊と新羅

このような新羅と倭の関係を、もう少しだけ掘りさげてみたい。なぜなら、そこに新羅の対倭交渉の窓口となった地域社会が、かいま見えるからである。その地域とは、東萊《トンネ》（釜山《プサン》）である。

五世紀前半に、倭へもたらされた朝鮮半島系の品々の中には、東萊地域の首長層の墓地（福泉洞《ボクチョンドン》古墳群）から出土する副葬品に似たものが数多い。これまでの研究では、それを金官加耶と倭の交渉を反映するものと考えていた。

しかし洛東江下流の東岸に位置する東萊は、その対岸の金海とはちがって、新羅によって早い段階に統合されたのではないか、という説が提示された。この説はかなりの説得力

福泉洞古墳群

をもっていて、それによって、東莱と倭の交渉に新羅のかかわりを考慮することが必要となった。この問題をどのように考えればよいのか。まずは東莱が新羅へ統合される過程についての議論を整理する。

新羅王権が洛東江以東の各地を統合したことを示す指標は、大きく三つある。各地にきずかれた高大な墳丘を有する古墳群（高塚群）、「洛東江以東様式」と呼ばれる新羅系土器群の普及、そしてアクセサリーや馬具の分配である（李熙濬二〇〇七）。それぞれの地域社会が新羅王権と政治的につながった結果、墓制や副葬土器が新羅のものと似かようようになり、王権から地域首長に威信財としてのアクセサリーや馬具が分配された、ということだ。

この指標に当てはめて考えてみると、東莱では五世紀初めには新羅系の土器が副葬されている。すなわち、この時期には新羅王権とつながりをもつようになっていたことは確かである。ただ、このつながりを具体的にどのように考えるのかについては、大きく二つの見方がある。

ひとつめは、東莱の主体性を重視する見方である。すなわち、新羅に加担しながらもそれに完全に服属するのではなくて、かなりの政治的、経済的な主体性をもっていたという立場である。そして東莱での大規模な古墳群の造営が停止した時に、新羅に完全に統合されたとみる（申敬澈一九九五など）。

二つめは、東萊はすでに新羅王権に間接支配されていて、新羅の一地方にすぎなかったという見方である（李熙濬二〇〇七など）。間接支配とは、その地域の政治経済的な既得権をある程度保障しながら支配することだ。間接支配を受ける地域の有力者は、新羅王権の意図に沿う形で活動することを求められた。

新羅の対倭交渉を仲介する東萊

この二つの見方を参考にしながら、筆者の考えを提示してみたい。

四世紀後半になると、新羅特有の積石木槨《つみいし》（木槨を周囲の石積みで保護したもの）とよばれる埋葬施設が、福泉洞古墳群ではじめて出現する。また、金官加耶の威信財だった筒形銅器の副葬が終了する。そして、五世紀初めには新羅系土器が数多く副葬され、ほどなく新羅系のアクセサリーも副葬されるようになる。その代表例が、鹿角《ろっかく》のような飾りをとりつけた金銅製の冠である。

このような変化からみると、四世紀後半から東萊は金官加耶よりも新羅王権とのつながりを強め、五世紀にその影響下にはいったことは明らかだ。この点は筆者も異論はない。

ただし、東萊が新羅に完全に服属する一地方にすぎなかったとは思えない。そう思うの

福泉洞10・11号墳の竪穴式石室（釜山大学校博物館）

は、次のような理由からだ。

第一に、東萊では五世紀になっても、新羅が地域を統合したことをしめす高塚群を造営しない。それ以前と同じように、丘陵に低い墳丘をもつ伝統的な墓を連綿ときずく。これは金官加耶の王族の墓地（大成洞古墳群）とよく似ている。そして埋葬施設も一貫して伝統的な木槨や竪穴式石室を採用していて、新羅特有の積石木槨はきわめて少数だ。このように、新羅とのつながりが強まる中でも、東萊集団は伝統的な墓制を固く守っていた。

第二に、独自の威信財をもっていた可能性である。福泉洞古墳群では三累環頭《さんるいかんとう》大刀《たち》が出土している。これは大刀の柄の先に三つの環を組み合わせた飾りを取りつけたもので、初期のものは飾りが青銅でつくられている。この初期の三累環頭大刀の分布は、東萊にまとまる。したがって、東萊集団がみずからの威信財としていた可能性は高い。

福泉洞10・11号墳（右）と原間6号墳の三累環頭大刀（左）（釜山大学校博物館・香川県教育委員会）

これについては、倭に興味深い資料がある。それが、香川県東かがわ市原間《わらま》六号墳で出土した三累環頭大刀である。三累環の飾りは福泉洞のものとほぼ同形同大だ。そして、その埋葬施設は、死者をおさめた木棺を保護するためにその周囲を木材で取り囲んだ木槨だった。実は木槨は日本列島では定着しなかった埋葬施設で、原間六号墳のそれは釜山・金海地域に系譜を求めることができそうだ。つまり、葬られた人は東萊からの渡来人、もしくは東萊とつながりが深い人と考えられる。原間六号墳は、東萊と瀬戸内のつながりを示す貴重な古墳なのだ。

話を元に戻すと、第三に、新羅系の冠が出土した福泉洞（東）一号墳の副葬品が、実に多様な地域からもたらされている。馬具や耳飾は百済・大加耶系で、槍は倭系である。そして、土器には慶南西部地域（小加耶）系のものがある。決して、副葬品の組み合わせが新羅一色になったわけではない。これは、東萊地域がさまざまな外の社会と独自に交渉をおこなっていたことをしめす。

以上のように、東萊地域は独自の対外交渉をおこなうだけの主体性を維持していて、単に新羅の一地方にすぎなかったとは思えない。おそらく、このような主体性をもつ東萊が、新羅の対倭交渉の仲介にあたったのではないか。だから、五世紀前半の倭の朝鮮半島系の品々に、東萊からもたらされた、もしくはそこを経由したものが多くみられるのだ。

新羅王権の側からみれば、このように対外交渉に長《た》けた東萊をどのように統合するのかが、外交権を掌握するための課題だった。それがある程度達成されたのは、福泉洞古墳群の次の段階、高塚群をきずくようになる蓮山洞《ヨンサンドン》古墳群が造営された後のことだ。

このような東萊と新羅王権の力学関係の中で、倭と新羅の交渉は展開した。

3　大加耶の台頭と倭

朴天秀氏の日朝関係史研究

次に、場面をさらに移して、五世紀前半に洛東江以西の内陸で台頭した大加耶と倭の関係をみていきたい。そろそろ話がややこしくなってきた、と感じる読者もいらっしゃるかもしれない。その時は、ぜひ序章のデッサンを参考にしていただきたい。

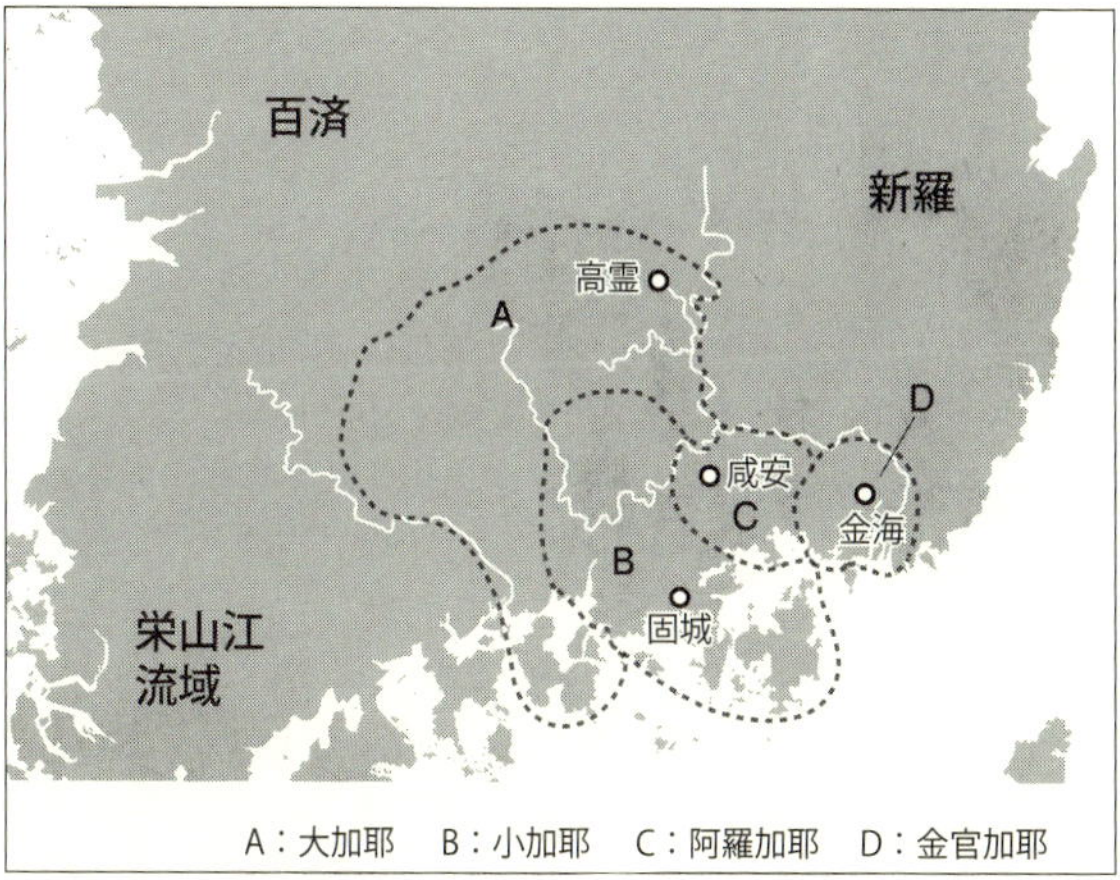

加耶の地理的な範囲

一九九〇年代以降の日朝関係史研究をふりかえる時、その最大の成果は、大加耶と倭の密接な交渉が明らかになったことだ。その立役者が朴天秀《パクチョンス》氏だった。大阪大学留学中に日朝関係史に取り組み、その成果を一九九五年、「渡来系文物からみた伽耶と倭における政治的変動」（『待兼山論叢』二九　史学篇）としてまとめている。当時、大学生で日朝関係史に関心を抱きつつあった筆者にとって、この論文との出会いは衝撃的だった。

朴氏は、日本列島の古墳から出土する朝鮮半島系の副葬品の系譜について、四～五世紀前半には金官加耶系、五世紀後半は大加耶系、そして六世紀前半には百済系へと変化すると指摘した。次に、朝鮮半島における日本列島系文物の出土が、四～五世紀前半には金官加耶に集中していたのに対し、五世紀後半以後は大加耶中心となり、六世紀前半には百済でめだつようになると論じた。

このように日朝両地域で対応をみせる状況を、百済、加耶、そして倭をめぐる政治的変動と相互作用の結果ととらえて、「金官加耶と河内王権の成立」、「大加耶の成長と雄略期の政治変動」、「百済の再興と継体朝の成立」という画期に対応すると結論づけた（朴天秀二〇〇七）。

筆者は朴氏のように、倭の交渉相手が段階的に推移したとは考えていない。さまざまな社会の間の多様で錯綜した関係こそが本質だったという立場をとる。しかしながら、四〜六世紀の日朝関係を日本列島と朝鮮半島に割拠した社会の動向と関連づけながら、双方向的に解釈する視点は、氏の論文によってはじめて提示された。

大加耶とは

それでは、朴氏が五世紀後半に倭の重要な交渉相手とみた大加耶とは、どのような社会なのか。一言でいえば、四世紀末から五世紀前半ごろの金官加耶の動揺と相前後して急速な成長を遂げた、加耶のひとつである。すなわち、洛東江より西側の内陸の地、高霊《コリョン》地域に本拠を置き、五〜六世紀中ごろにかけて広範な地域を統合していった有力な社会であ

高霊池山洞古墳群

る。その王陵群が高霊池《チ》山洞《サンドン》古墳群である。

大加耶による地域の統合をしめすものとしては、高塚古墳の造営、大加耶様式土器の分布、アクセサリーや馬具の分配が挙げられている（李熙濬二〇一五）。これは、先ほどみた新羅のそれとよく似ている。それにもとづくと、大加耶は洛東江以西から蟾津江《ソンジンガン》流域にいたる、広範な地域の統合を達成しつつあり、加耶としては唯一、中国と独自に通交するまでの成長を遂げた。しかしながら、六世紀前半になると百済、新羅という強大な勢力の狭間《はざま》にあって、それぞれから圧迫を受けるようになる。そして五六二年に新羅による攻撃によって滅んだ（田中一九九二）。

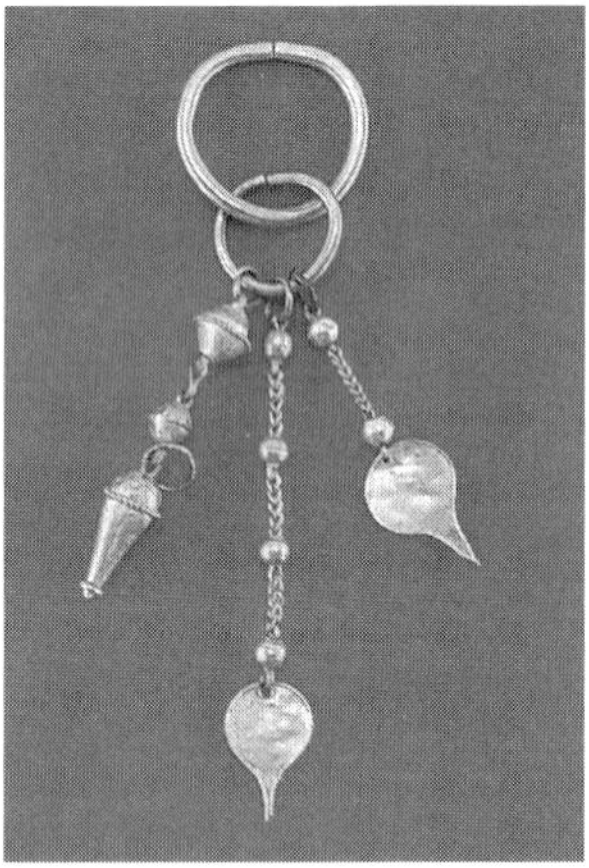

大加耶の垂飾付耳飾（陝川玉田28号墳　慶尚大学校博物館）

日本列島出土の大加耶系文物

　朴天秀氏は、五世紀後半に大加耶と倭の通交がはじまるとした。その提言から二〇年あまり、今でも五世紀後半に両者の交渉が最もさかんになることは、多くの研究者が同意している。ただ現在では、それよりもさかのぼって、五世紀前半にすでに大加耶と倭は交渉を重ねていたと考えるのが妥当だ。それは、この時期の倭に、大加耶からさまざまな品々が贈られたり、それをつくる技術者が派遣されたりしているためである。

　その代表的なものに、大加耶系の垂飾付耳飾がある。五世紀の大加耶の耳飾には二つの特徴がある。ひとつは下端の飾りが、宝珠《ほうじゅ》形、釣り具の浮きのような形、三翼《さんよく》形をしていることである。もうひとつは、耳にとりつける環と下端の飾りの間を、鎖と空玉《うつろだま》を組み合わせてつなぐことである。このような耳飾が、日本列島各地で出土している。

　また、五世紀に朝鮮半島から本格的につたわった馬具の中には、大加耶系のものがふくまれている。例えば、馬に乗る際に足をかけ身体の安定をはかる装具（鐙《あぶみ》）には、大きく二つの種類がある。ひとつは「短柄輪鐙《たんえわあぶみ》」と呼ばれるもので、柄が太く短いものである。朝鮮半島の東南部で主に出土し、金官加耶や新羅との交渉を通してもたらされた。

そしてもうひとつ、柄が細く長い「長柄輪鐙《ながえ》」がある。その中に柄の断面が五角形のものがあり、これは百済や大加耶の地で出土している。百済圏では少数派なので、主に大加耶との交渉の中でつたわったものだろう。

このような倭における大加耶系の耳飾や馬具は、興味深い広がりをしめす。まず、耳飾の多くは、現在の宮崎県、兵庫県、福井県、千葉県など、海に面した地に造営された古墳に副葬されている。また、内陸でも、この後に紹介する群馬県高崎市の剣崎長瀞西《けんざきながとろにし》遺跡のように、朝鮮半島から渡ってきた集団の墓地から出土することがある。それに対し、倭王権の本拠地、畿内での出土例はごく少ない。また馬具をみると、金官加耶・新羅系の短柄輪鐙は畿内を中心に分布する一方、百済・大加耶系の長柄輪鐙は九州を中心に広がる。

このことから、金官加耶や新羅との交渉とはまたちがう形で、五世紀前半から大加耶と倭の交渉がはじまっていたことがわかる。

大加耶による対倭交渉

このように、大加耶のアクセサリーや馬具が倭に広がるということは、大加耶も何らかの目的をもって倭と交渉していたことをしめす。その目的とは何か。

この問いを考えるうえでカギとなるのは、百済と大加耶の関係だ。百済は高句麗の南下に対抗するため、金官加耶や倭と同盟をむすんでいたことはすでに述べた。さらに、百済は大加耶に対しても接近し、金工技術などを提供していたようである。それをしめすように、大加耶の初期のアクセサリーや馬具は、百済との共通性が高い。大加耶にとっても高句麗への対応は必要なものだったろうから、百済と協調しながら倭に対しても友好的な関係の樹立に努めたのだろう。いうなれば、高句麗の南下のために動揺した金官加耶にかわって、百済や倭との連携を加耶の中で主導することをめざしたのだ。

大加耶から渡ってきた人びと――剣崎長瀞西遺跡

そして、大加耶から倭へさまざまな人びとがやってくるようになった。ここで、その足跡がうかがえる遺跡をひとつだけ紹介したい。それは群馬県高崎市の剣崎長瀞西遺跡だ。

この遺跡は高崎市街の西方、八幡《やはた》台地の北端にある。発掘調査の結果、中小の円墳群と、その北東側に空白地をはさんで方形の積石塚《つみいしづか》群が確認された。積石塚とは主に石をもちいて墳丘を積み上げた墓のことだ。積石塚は調査範囲の中で八基がまとまっていた。また、集落の一部も確認された。

高崎市剣崎長瀞西遺跡。手前が積石群で奥が円墳群（高崎市教育委員会）

これまでの研究を通して、積石塚が朝鮮半島から日本列島へ渡ってきた人びとの墓の特徴のひとつであることはわかっている。したがって、この遺跡ではもともと住んでいた人びとの墓地（中小円墳群）と、朝鮮半島からの渡来人の墓地（積石塚群）が、区別されていたようだ。そして、八基の積石塚群の中で規模の大きい一〇号墳から、大加耶系の垂飾付耳飾が出土した。その被葬者は、この地に渡って定着した渡来人集団のリーダー格のような人だろう。

さらに、さまざまな渡来人の活動の痕跡が確認された。そのひとつが、集落で数多く出土した朝鮮半島系の日常

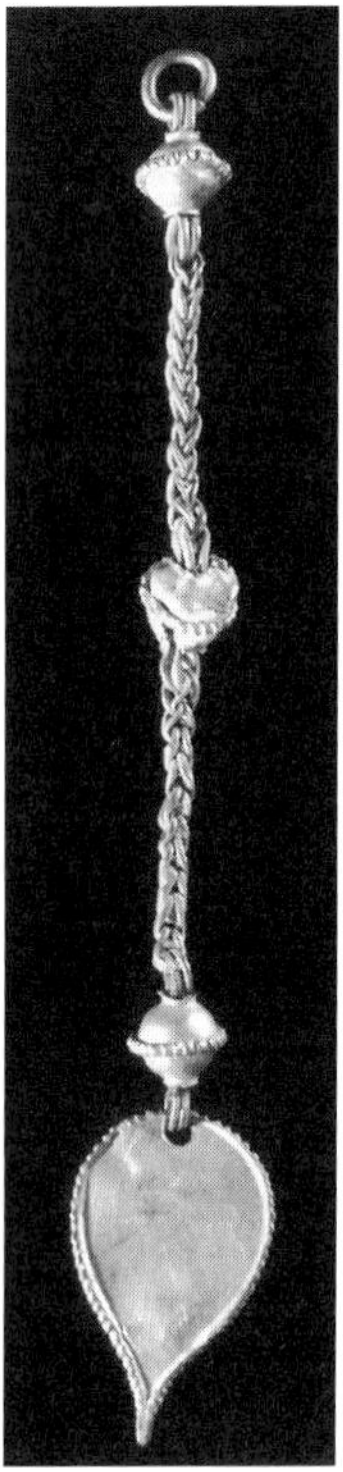

剣崎長瀞西10号墳出土の大加耶系垂飾付耳飾（高崎市教育委員会）

土器である。その形は洛東江より西側の地域の特徴を備えている一方で、その材料の土は遺跡周辺から採取された可能性が高いという。したがって、渡来人集団はこの地に定着した後に、みずからの技術で土器を製作していたようだ。

また、馬を埋葬した穴も確認された。渡来人集団は馬の生産にもたずさわっていた可能性がある。この埋葬された馬には轡がとりつけられていたが、これと同じような轡は大加耶にも分布している。

剣崎長瀞西遺跡が営まれた群馬県の地域は、古墳時代には「上毛野《かみつけぬ》」とよばれる有力な地域社会だった。剣崎長瀞西遺跡の渡来人集団は、上毛野の首長層が地域経営を進めるうえで、馬、鉄、治水などの技術をもたらす存在として招き入れた集団だ（若狭二〇一五）。一〇号墳の耳飾、集落の日常土器、そして埋葬された馬につけられた轡からみると、渡来人集団の構成員には、大加耶の出身者がふくまれていた可能性は高い。大加耶と倭の交渉の中で上毛野の地へ渡り、地域社会の成長の一翼を担ったのだろう。

以上、五世紀前半の百済、新羅、加耶の対倭交渉について述べてきた。高句麗の南下によって、それまで倭の主要な交渉相手だった金官加耶が衰退するにつれて、交渉は多極化していく。新羅は、高句麗と従属的な関係をむすびながらも、国際環境の好転をもくろんで倭との交渉にのぞんだ。百済や大加耶は、高句麗南下への対応として倭との通交を重ねた。このように、それぞれの王権にとって、海をはさんで対峙する倭は、政治的に利用価値の高い社会であり、明確な目的をもってつながりを深めようとしたのである。

さらに、このような王権の外交と連動して、地域社会の対倭交渉もおこなわれた。古くから倭とのつながりが深かった東萊は、新羅の対倭交渉を仲介しながらも独自の交渉をおこなうことで、その政治経済的な基盤を維持した。半島西南部の栄山江流域も、活発な対外活動を基盤として成長し、その中で倭との交渉を重ねていた。

以上のように、朝鮮半島に割拠した社会それぞれの交渉目的――一言でいえば半島情勢を有利な方向へ展開させる目的――が複雑にからみあう中で、五世紀前半の日朝関係は推移していったのである。

それでは、倭はどのような目的のもと、どのような形で朝鮮半島と交渉したのだろうか。この点を次に考えてみたい。場面を日本列島へ移す。

4　倭王権と地域社会

倭の目的はなにか

現在でもそうだが、異なる社会どうしの交渉は、互いにとって何らかの利益があるために成立する。したがって、倭の側にも朝鮮半島との交渉には明確な目的があったはずだ。これまでの叙述では、それを「先進文化の安定的な受容」と一言ですませてきたが、おさらいもふくめてもう少し説明しておきたい。

古墳時代の社会にとって、さまざまな朝鮮半島系の文化の受容と定着が重要だったことは、くりかえし説明してきた。やきもの・鉄器・金工品などの手工業生産や、馬の生産、農耕や土木、暖房や炊事の施設（カマド）など、さまざまな新しい情報や技術、道具を、朝鮮半島から受け入れ、取捨選択した後に、定着させていった。その時期がおおむね五世紀であり、「技術革新の世紀」と評価されている。このこともすでに述べた。

五世紀になると、倭王権は実に一五〇年ぶりに中国に対して使者を送る。これは倭の五王による遣使《けんし》とよばれるもので、東アジア世界における倭の地位を確立しようとする重要な外交だった。けれども、この遣使は五世紀の一〇〇年間を通して一〇回ほどだった、したがって、倭のより現実的な国際関係、いうなれば安定的に鉄などの必需物資や先進文化を受容するためには、朝鮮半島の百済、新羅、加耶、栄山江流域などとのつながりが、決定的に重要だったはずだ。

そのために、倭王権や列島各地の首長は、朝鮮半島とのつながりを通して、先進の文化を受容し、根拠地へ定着させていくこととなった。そのつながりを安定的なものとすることで、より下位の首長や地域社会の構成員が先進文化の恩恵を受けることのできる機会を提供し、みずからの社会的な地位の安定をはかり、ひいては近隣の集団や地域社会を統合していくことができた。

このことは、古墳に副葬された朝鮮半島系の品々が如実に物語る。首長は、先進文化を象徴する威信財を保有し、それをもちいた儀礼を執りおこなっていた。そのような行為を通して、半島との密接なつながりやそれに根差す威信を、みずからにしたがう人びとに誇示していたのだろう。

以上のように、倭の首長にとって朝鮮半島系の文化の受容と定着は、社会的地位の確立、社会内部の紐帯《ちゅうたい》の維持、社会のより広い統合に不可欠なものだった。このことが、倭が朝鮮半島と活発な交渉をくりひろげた根本的な目的である。

倭の社会

古墳時代の倭では、前方後円墳という東アジアにおいても独特な墓制を展開させる。前方後円墳は、三世紀中ごろに倭王権の本拠たる畿内において採用されるが、その後の短い間に、九州南部から東北日本にかけて広がるようになる。そして、造営が停止される六世紀末まで、最大規模の前方後円墳は常に畿内できずかれた。

このような前方後円墳のあり方から、当時の倭の社会では、倭王権を中心として古墳の墳丘形態や規模によって地位を相互に承認するような政治構造が存在したと考えられている。これを「前方後円墳体制」とよぶこともある（都出一九九一）。

しかしながら、視点を地域社会に移せば、前方後円墳が急速に広まったということは、逆に列島各地の首長も、規模の大小こそあれ倭王と同じような墓をきずくことができたことを意味する。確かに前方後円墳は、列島各地の地域社会に対する倭王権の優位性をしめすが、それが隔絶的なものとはいえない。

したがって、倭王権はその成立時から、日本列島の広い範囲に強固な支配体制を敷いていたわけではない。むしろ、古墳時代を通して徐々に他の地域社会への政治的な影響を強めていったというのが、実態だろう（下垣二〇一二）。

倭の社会をこのように把握した時、さまざまな史料に朝鮮半島と交渉したことが記録される「倭」を、つねに倭王権とイコールとしてしまうことはできない。時には競合的、時には協調的でもあった倭王権や列島各地の地域社会の「野合」的な関係（新納二〇〇五）、いうなれば「呉越同舟《ごえつどうしゅう》」のような関係として把握する必要がある。

交渉の主体は誰か

このことを参考に朝鮮半島と交渉するときの主体が誰だったのか、について考えてみたい。注目できるのは、朝鮮半島系の文物の分布や系譜に共通性とともに、こまやかな地域性が認められることだ。朝鮮半島系の文物は、畿内に集中するというよりも、九州や瀬戸内、若狭《わかさ》、越前《えちぜん》など海を望む地域にもよく分布し、さらに東日本にも広がっている。

これまでみてきた五世紀前半を例にとれば、新羅との関係を示す龍文・草葉文透彫製品は、畿内とその周辺に集中するけれども、北部九州でも確認されている。大加耶系の耳飾は各地で出土するが、逆に畿内ではごく少ない。また、金官加耶・新羅系の短柄輪鐙と百済・大加耶系の長柄輪鐙に、畿内と九州というかなりはっきりとした地域性がみられる。

このように、朝鮮半島系文物の分布や系譜は実に多様である。

この多様性は、倭王権と地域社会が時には協力し、特には競い合いながら「相乗り」して朝鮮半島との交渉を重ねていた結果、生じたものと把握したほうが自然だろう。すなわち、交渉の主体は倭王権だけではなくて、地域社会でもあったのだ。

したがって、倭王権の外交だけではなく、地域社会の交渉がどのようなものだったのか、について明らかにする必要がある。そして朝鮮半島との交渉をめぐって、倭王権と地域社会の力学関係がどのように変化していくのか、という問題に取り組む必要がある。

これを検討してはじめて、倭と朝鮮半島の交渉の実態が浮き彫りとなるとともに、倭王権が外交権を一手に掌握して、古代国家へと変貌を遂げていく過程もみえてくるだろう。

倭王権の外交の担い手

それでは、まずは倭王権による外交について、その担い手が誰だったのかという視点から考えてみたい。これには格好の材料がある。それは、畿内とその周辺に位置する、新羅系の龍文・草葉文透彫製品を副葬した古墳である。その被葬者の姿を描いてみることで、どのような人が倭王権の対新羅外交を担っていたのかについて迫ってみたい。

まず、超大型の前方後円墳の周囲をとりまくようにきずかれた中小古墳がある。例えば、大阪府上石津《かみいしづ》ミサンザイ古墳は、墳丘の長さが三六五メートルにも達する日本列島で第三位の規模の前方後円墳である。それに接してきずかれた直径五〇メートルほどの円墳の七観《しちかん》古墳から、龍文透彫の帯金具が出土している。さらに、墳丘の長さが四二五メートル、第二位の大阪府誉田《こんだ》御廟山《ごびょうやま》古墳に接する誉田《こんだ》丸山《まるやま》古墳からも、龍文・草葉文透彫製品が出土したと伝わっていて、それが近くの誉田《こんだ》八幡《はちまん》神宮に保管されている。

七観古墳、誉田丸山古墳はいずれも直径五〇メートルほどの円墳で、当時の倭王クラスの人が葬られた超大型の前方後円墳につき従うようにきずかれた。このような中小の円墳は「陪塚《ばいちょう》」とよばれる。この前方後円墳と陪塚の関係からみると、陪塚に葬られた人は、倭王やそれに準ずる地位の人がおこなう政務や権力の執行を補佐していたようだ。

したがって、陪塚たる七観古墳や誉田丸山古墳に、龍文・草葉文透彫製品が副葬されたということは、倭王権に属して朝鮮半島との外交をとりしきっていた官僚のような存在が浮かび上がる。

次に、交通の要衝に位置する古墳に、龍文・草葉文透彫製品が副葬された例がある。それが、奈良県五條猫塚《ごじょうねこづか》古墳や滋賀県新開《しんかい》一号墳である。五條猫塚古墳は紀《き》ノ川《かわ》上流に位置していて、この地は、大和盆地から紀ノ川をくだって瀬戸内海へ出る際に、必ず経由しなければならない。新開一号墳も琵《び》琶《わ》湖《こ》のほど近く、大和や河内から日本海側の若狭湾へいたる交通路の要衝に造営された。このような古墳に葬られた人は、交通の要衝を管掌し、河川・湖上交通に長けた集団の首長だった可能性が高い。五條猫塚古墳の場合は、実にさまざまな朝鮮半島系の副葬品がみられるので、朝鮮半島から現地に渡来、定着し、首長層にまで成長をとげた人が葬られているとみるべきだ。

そして、第2節で「新羅系渡来人の墓」として取りあげた奈良県新沢千塚一二六号墳でも、龍文を透彫した金製方形板が出土している。この古墳に葬られた人は、新羅の習俗に則って埋葬された新羅系の渡来人の可能性が高く、新羅王権の交渉目的を代弁した、「質」のような人だろう。

以上のように、龍文・草葉文透彫製品を副葬した古墳からみると、倭王権の対新羅外交の担い手の姿を、次のように描いてみることが可能である。

①倭王権の外交に従事する官僚のような階層
②河川・湖上交通に長けた王権周縁の首長層
③王権中枢において「質」のような役割を担った渡来人

倭王権はこのような人びとを登用し外交組織として編成することで、朝鮮半島の社会との外交をおこなっていた。

瀬戸内と北部九州

それでは、地域社会の交渉とはどのようなものか。これを考えるためには、それぞれの地域における朝鮮半島系文物の様相だけではなく、地域社会の構造や朝鮮半島との地理的な距離、そして倭王権との関係などをみすえていく必要がある（高田二〇一四）。本書では、特に活発な交渉活動をおこなっていた北部九州と瀬戸内をとりあげる。まずは北部九州である。

5　外交への参加と独自の交渉——北部九州

西新町遺跡が衰退した後の北部九州

前章でみてきたように、玄界灘沿岸に位置した交易港の西新町遺跡が、四世紀にはいって急速に衰退した。そこには金官加耶と直接むすびつこうとする倭王権のもくろみがあった。

しかし、その後も玄界灘沿岸には朝鮮半島系の資料が確認できるので、新たな交易港が形成されていたようだ。その有力な候補として、早良《さわら》平野の南西部に位置する吉武《よしたけ》遺跡群の一帯が挙げられている（重藤二〇一二）。集落では豊富な半島系土器が出土し、墓地でも

福岡県七夕池古墳の竪穴式石室（志免町教育委員会）

鋳造された鉄斧、双龍文環頭大刀、初期馬具など、さまざまな朝鮮半島系の品々が副葬された古墳がきずかれた。

そして第1節で紹介したように、半島西南海岸の倭系古墳では、北部九州系の埋葬施設を採用していた。その見本となった古墳のひとつに福岡県七夕池《たなばたいけ》古墳がある。この七夕池古墳の墳丘からは、栄山江流域の土器が出土しているので、その地から渡ってきた人びとが古墳の造営や葬送儀礼に参加していた可能性もある。

このように五世紀にはいると、北部九州は活発な交渉活動をくりひろげていく。

倭王権の外交に参加——月岡古墳の例から

五世紀前半に北部九州が朝鮮半島とどのように交渉したのかについて考える時に、注目できる古墳がある。それは、福岡県月岡古墳《つきのおか》だ。全長八〇メートルの前方後円墳で、当時の北部九州の大首長墳のひとつである。埋葬施設は石棺をおさめる竪穴式石室で、その内部が早くに発掘された。その結果、新羅系の龍文・草葉文透彫帯金具や百済・大加耶系の長柄輪鐙をはじめとする、さまざまな朝鮮半島系の副葬品が出土した。

月岡古墳が位置する地域は筑後《ちくご》平野の東部にあたり、浮羽《うきは》（現・うきは市）とよばれる。有明海から筑後川をさかのぼって豊後《ぶんご》へといたる東西の交通路と、博多湾から内陸へいたる南北の交通路が結節する要衝である。月岡古墳の近くでは、先進のカマドを備えた住居からなる集落も確認された。これらの集落では、朝鮮半島系の土器や先進的な農具であるU字形の刃先、そして東萊とのつながりを示す青銅製三累環頭などが出土した。集落の構成員の中に、この地に定着した渡来人がふくまれていた可能性が高い。これを傘下に置いていた月岡古墳の被葬者が、朝鮮半島のさまざまな社会と交渉を重ねていたことは、まず間違いないだろう。

実は、月岡古墳のさまざまな要素には、倭王権との緊密な関係をしめすものも少なくない。そのひとつに「長持形石棺《ながもちがたせっかん》」がある。長持形石棺とは、蓋石がかまぼこのような形で、蓋や棺の小口にいくつかの突起がつけられた石棺である。畿内では五、六世紀の大型古墳にこの石棺が用いられている。例えば、日本列島最大の前方後円墳である大仙《だいせん》古墳でも、前方部の竪穴式石室に長持形石棺がおさめられていた。このような倭王権で用いられた棺を竪穴式石室におさめる例は、北部九州では月岡古墳の他に例がない。

また、金銅できらびやかに装飾された冑《かぶと》を副葬していることや、畿内地域とよく似た埴《はに》輪《わ》を墳丘に並べていることなども、倭王権との深いつながりをしめしている。

したがって、月岡古墳の被葬者やそれをきずいた集団は、倭王権と密接につながる中で朝鮮半島と交渉を重ねていた。おそらくは、古くから朝鮮半島とのパイプをもっていた浮羽の首長が、倭王権と直接的にむすびついてその外交に参加することで、先進文化を安定的に入手していた。逆に倭王権の側には、対外交渉に長けた地域首長を取り込むことで、安定的な外交を推進するというもくろみがあっただろう。

独自の交渉——堤蓮町古墳群の例から

その一方で、北部九州独自の交渉をになった被葬者の姿を描ける古墳もある。それは、浮羽地域からほど近い朝倉《あさくら》地域にきずかれた朝倉市堤蓮町《つつみはすまち》古墳群である。特に一号墳は直径二〇メートルたらずの小円墳であるにもかかわらず、東萊とのつながりを示す青銅製三累環頭と百済系の耳飾が出土した。この耳飾は序章で紹介した女木島丸山古墳のものと同じタイプだ。

ちなみに、二号墳では埋葬施設の中に須恵器を副葬している。意外に思われるかもしれないが、埋葬施設の中に土器を副葬すること自体が、朝鮮半島からつたわった新たな葬送

朝倉市堤蓮町古墳群（上）と1号墳から出土した青銅製三累環頭（右）および百済系耳飾（左）（朝倉市教育委員会）

儀礼だ。四世紀までの倭の古墳では埋葬施設から土器はほとんど出土しない。それに対して、朝鮮半島では古くから土器を埋葬施設に副葬していた。

堤蓮町古墳群の近くには、首長墳の堤《つつみ》当正寺《とうしょうじ》古墳（全長七〇メートルの前方後円墳）や、初期須恵器を生産した朝倉古窯址《こようし》群、そしてその操業にたずさわった渡来人集団の墓地（池《いけ》の上《うえ》・古寺《こでら》墳墓群）が位置している。すでに述べてきたように、須恵器は半島とのつながりの中で倭に定着したやきものである。五世紀前半にはそれを焼く窯《かま》が西日本各地に点在するようになり、その操業には渡来人集団の関与が必要だった。

堤蓮町古墳群の被葬者は、その須恵器生産にたずさわった渡来人集団の長のような立場にあったようだ。そして副葬品からみて百済や東萊など朝鮮半島との多様なつながりをもっていた。このように、朝倉地域には、堤当正寺（有力首長層）―堤蓮町（渡来人集団の長）―池の上・古寺（渡来人集団）という関係を読みとることができる。

このような地域社会と朝鮮半島とのつながりを、倭王権の外交と直接むすびつけることは難しい。むしろ月岡や堤当正寺のような大型前方後円墳に葬られた地域首長が積み重ねていた独自の交渉の結果、朝鮮半島からのさまざまな文化が地域社会へともたらされたと考える方が自然である。そして堤蓮町古墳群の被葬者のように、朝鮮半島とのコネクションをもった人びとが、その対外交渉を支えていたのだろう。

地域社会の二つの交渉の形

このように、北部九州の地域社会の交渉には、大きく二つの形があった。まず、倭王権主導の外交に積極的に参加しながら、みずからの目的を達成するような形である。もうひとつは、対外活動に長けた集団を傘下に置いて独自の交渉を進める形である。

この二つの交渉の形は、次に紹介する瀬戸内地域でも認められる。ひいては、五、六世紀の日本列島各地の有力地域社会でも、それぞれへの重きの置き方にちがいはあるが、基本的に認められるものだった（高田二〇一四）。

6 ネットワークの活用――瀬戸内

瀬戸内海――海上交通の場

古くから、瀬戸内海は西の九州と東の畿内をむすぶ海上交通の場だった。瀬戸内海へと流れる河川の下流域や、海に点在する島々には多くの古墳がきずかれていて、その被葬者や傘下の集団は瀬戸内海、そこからのびる河川や陸路を活用することで、列島各地と密接につながっていた。さらに、九州や畿内に負けず劣らず、朝鮮半島系文物が豊富に出土していて、朝鮮半島ともつながっていたことがわかる。

播磨の朝鮮半島系古墳

五世紀前半に朝鮮半島と交渉を重ねた瀬戸内の地域社会のひとつに、播磨《はりま》がある。特に、兵庫県姫路《ひめじ》市宮山《みややま》古墳、加古川《かこがわ》市カンス塚古墳、そして同池尻《いけじり》二号墳は、この地域の代表的な朝鮮半島系の古墳である。その性格を明らかにして播磨と朝鮮半島とのつながりを考えたい。

宮山古墳は直径三〇メートルほどの円墳、カンス塚古墳も直径三〇メートルほどの円墳で、方形の祭壇をそなえている。池尻二号墳の墳丘はよくわからないが、同じような規模だったようだ。いずれの古墳も、多種多様な朝鮮半島系の副葬品がおさめられていた。それればかりではなく、埋葬施設に洛東江の下流、特に東萊に系譜を求められる竪穴式石室を採用している。石室内におさめられた木棺の組み立てに、釘や鎹《かすがい》を用いることも特徴的だ。釘や鎹も五世紀になって朝鮮半島から伝わった道具である。そして、土器を埋葬施設に副葬するという、堤蓮町二号墳でもみられた新しい葬送儀礼も執りおこなわれている。

さらに宮山古墳では「殉葬《じゅんそう》」がおこなわれた可能性もある。殉葬とは、主人の死に際してその従者も一緒に葬られることである。宮山古墳（第二主体部）では、大加耶系の耳飾と頸飾が石室の東側より出土し、主人の頭の位置が推定できた。それとは別に石室の西側、主人の足元に、耳飾＋小玉類（首飾りもしくは衣服の装飾）＋帯金具という装身具のセットが確認された。これによって、主人とは別にもう一人が埋葬されていたとみることができる。

この石室西側に埋葬された人は、主人の従者だった可能性が高く、殉葬がおこなわれたのだろう。殉葬は朝鮮半島南部の有力者の墓では頻繁におこなわれたが、倭ではほとんど確認できない。殉葬も朝鮮半島からつたわったけれども定着はしなかった、新たな葬送行為だろう。

このように、日本列島をみわたしてみても、宮山、カンス塚、池尻二号は、洛東江下流域の墓制の影響を最も色濃く受けた古墳として評価できる。そして、これらの古墳の周辺には、カマドをそなえた住居や朝鮮半島系の土器が出土する集落も広がっていて、その被葬者は、朝鮮半島から播磨地域へ渡ってきた集団の長、もしくはその渡来人集団と非常に密接な関係にあった中小首長だった。

それでは、播磨地域の交渉の形はどのようなものだったのか。

地域首長と渡来人集団の長

注目できるのは、三基の古墳の周辺に、地域社会をおさめた首長が葬られた古墳が位置していることだ（亀田二〇〇四）。まずカンス塚と池尻二号は、瀬戸内海へと流れる加古川の下流の西岸に位置するが、この一帯をまとめていた首長の墓が行者塚古墳（全長九九メートルの前方後円墳）である。すでに前章で紹介したように、四世紀後半から五世紀初めにきずかれたこの古墳では、前方部の施設から晋式帯金具や初期馬具など、金官加耶との交渉の中で入手した副葬品が確認された。また、鋳造鉄斧、鉄の延べ板、鍛冶の道具など、特に鉄器生産に関連した品々も副葬されていた。

行者塚に葬られた首長は、朝鮮半島と密接なかかわりをもち、鉄器生産などの技術を保有した渡来人集団を配下にかかえていたのだろう。したがって、行者塚とカンス塚、池尻二号には、地域首長とその配下の渡来人集団の長という関係を読みとることができる。

また、宮山古墳は瀬戸内海へ流れる市川《いちかわ》の下流に位置するが、その近くには一帯をまとめていた首長の墓である壇場山《だんじょうざん》古墳（墳丘長一四二・八メートルの前方後円墳）がある。壇場山古墳の埋葬施設は長持形石棺である。壇場山と宮山についても、地域首長とその配下の渡来人集団の長という関係をみてとれる。

以上のように、播磨地域では有力首長（行者塚や壇場山）の交渉活動によって、それぞれが本拠としていた地に渡来人集団が定着し、その集団を率いていたのが宮山、カンス塚、池尻二号の被葬者だった。

吉備地域の状況

ちなみに、今の岡山県を中心とした吉備についても、同じような状況が考えられる。五世紀前半の吉備といえば、墳丘長が三六〇メートルで日本列島第四位の規模を誇る前方後円墳、岡山市造山《つくりやま》古墳が著名である。この造山古墳の近くに、播磨の三古墳と同じような古墳がきずかれている。総社《そうじゃ》市随庵《ずいあん》古墳である。朝鮮半島系の竪穴式石室を埋葬施設とし、そこに鋲で組み立てられた木棺を安置し、初期馬具や鍛冶の道具など豊富な副葬品をおさめている。

また、周辺には初期須恵器や鉄器などの工房も確認できる。やはり、地域首長と渡来人集団を率いる長という関係を読みとることができる。吉備独自の交渉活動を反映している可能性が高い。

倭王権との関係

ただし、播磨や吉備の交渉活動がいつも独自的で倭王権の動向と無関係だった、とみることもできない。例えば、行者塚古墳の被葬者は倭王権と金官加耶の交渉において重要な役割を果たしていたことは間違いない。また、壇場山古墳の長持形石棺は、北部九州の月岡古墳のように、倭王権との密接な関係をしめす。そして、吉備の大首長である造山古墳の被葬者は、その墳丘の規模からみて、倭王権の一翼を担う立場にあった。

したがって瀬戸内でも、北部九州とおなじように、独自の交渉のほかに倭王権の外交に積極的に参加するような交渉の形があった。

渡来系竪穴式石室の特徴

さて、これまで紹介した四つの朝鮮半島系の古墳（宮山、カンス塚、池尻二号、随庵）は、竪穴式石室に洛東江下流域の影響が認められるという共通点がある。実は、瀬戸内地域では五世紀にかけて、このような朝鮮半島系の竪穴式石室がさかんにきずかれた。このことを手がかりとして、瀬戸内地域の交渉の特色をもう少しだけ掘りさげてみたい。まず、朝鮮半島系の竪穴式石室の特徴を整理する。大きく三つある。

ひとつめは、墳丘の造成、石室の構築、そして葬送儀礼の順序である。伝統的な竪穴式石室を採用した古墳では、まず墳丘をきずいた後にその中央に穴（墓壙《ぼこう》）を掘って石室を設置し、そこで葬送儀礼を執りおこなう。すなわち、墳丘→石室→葬送儀礼という順序をたどる。石室は墳丘の浅いところに位置する。これに対して、朝鮮半島系の石室を採用した古墳では、まず石室を構築して葬送儀礼をおこない、最後に墳丘をきずくという、石室→葬送儀礼→墳丘という順序をたどる。よって、石室が墳丘の深いところに位置することが多い。

二つめは、棺と石室を設置する順序である。伝統的な竪穴式石室の場合、最初に死者を納めた木棺や石棺を設置した後にその周囲に石室の四壁をきずく。それに対して、朝鮮半島系の竪穴式石室では、まず石室をきずいた後に床面を整えて木棺を設置する。両者では、棺と石室の設置順序が逆なのだ。

カンス塚古墳の竪穴式石室（加古川市教育委員会）

そして三つめに、石室の形や構築する技術が洛東江下流域、特に東萊地域の竪穴式石室とよく似かよっている。サイズはむろんのこと、平面形が幅広であること、四壁がほぼ垂直にきずかれること、壁石と壁石の間に白色の粘質土を充填《じゅうてん》することなども共通する。さらに、石室の中におさめる木棺の組み立てに、鎹や釘をもちいることも多い。

以上のような特徴が認められる石室は、主に洛東江の下流や東側の地域とのつながりの中で導入され、地域の中で変容した新しい埋葬施設である。これを筆者は「渡来系竪穴式石室」とよぶ（高田二〇一四）。

瀬戸内に広まる渡来系竪穴式石室

五世紀に倭に新しくつたわった朝鮮半島系の埋葬施設の代表的なものは、横穴式石室だ。横穴式石室は、被葬者を安置した空間（玄室《げんしつ》）に横から入りこむことが特徴的で、玄室へいたる通路（羨道《せんどう》）が取りつけられている。それによって、最初の埋葬の後でも、数回にわたる埋葬が可能となった。これを追葬《ついそう》という。これは一度きりの埋葬を基本とした竪穴式石室などとは大きく異なるもので、横穴式石室の導入は、葬送観念の変化もふくんだ動きだった。

横穴式石室をいち早くとりいれたのは北部九州だ。四世紀後半にはおそらく百済からその思想を取り入れてみずからの墓制としている。また、畿内も北部九州よりはだいぶ遅れるけれども、五世紀後半には百済系の横穴式石室を受容し、その後に「畿内型」とよばれる横穴式石室を成立させた。

それに対して瀬戸内では、横穴式石室の普及はかなり遅れる。例えば吉備の場合、五世紀前半に九州系の石室が単発できずかれたこともあったが、定着はしなかった。広まるようになるのは、畿内型の横穴式石室がつたわる六世紀前半からである。

このような横穴式石室とは対照的に、渡来系竪穴式石室は五世紀にかけて瀬戸内を中心に広がる。今のところ二十余基の古墳で確認できる。したがって、倭へ横穴式石室がつたわって広まりはじめたころに、瀬戸内地域では横穴式石室よりもむしろ渡来系竪穴式石室を積極的に導入していたのである。

先ほどみた墳丘、石室、棺、そして葬送儀礼の順序を単純化すると、伝統的な竪穴式石室が「墳丘→埋葬（棺→石室）→葬送儀礼」だったのに対し、渡来系竪穴式石室は「埋葬（石室→棺）→葬送儀礼→墳丘」と、葬送の順序が根本的に異なっている。したがって、瀬戸内での渡来系竪穴式石室の普及もまた、横穴式石室とおなじように、葬送観念の変化をふくみこんだ大きな動きだった。

香川県原間6号墳の木槨（香川県教育委員会）

ネットワークの活用

瀬戸内には、渡来系竪穴式石室のほかにも朝鮮半島系の埋葬施設が点在する。それは木槨だ。すでに第2節で香川県原間《わらま》六号墳を紹介したが、木槨も、渡来系竪穴式石室と同じように、洛東江下流域から取り入れたものである。そして、瀬戸内海の沿岸や海につながる河川沿いには、朝鮮半島系の土器やカマド付住居が確認できる集落、鉄器や初期須恵器の工房などが営まれた。

以上の状況からみると、瀬戸内地域には先進の文化にかかわる人、モノ、情報が行き交うネットワークが広がっていたことは確実だ。これは海村のネットワークを基礎とするものだろう。

瀬戸内各地の地域集団は、このネットワークを活用すれば効率的に朝鮮半島系の文化を受容することができた。また、さまざまな事情で朝鮮半島から倭に渡ってきた人びと、そして百済、新羅、加耶、栄山江流域から派遣された外交使節団も、ネットワークを活用すれば、より円滑に目的地へ航行することができた。

このようなネットワークが、おそらく瀬戸内だけではなく日本列島の各地に広がり、そして、朝鮮半島へもつながっていた。第1節で紹介した半島西南海岸のネットワークもその一例だ。王権間の外交が活発となる五世紀でも、弥生時代以来のネットワークが、日本列島と朝鮮半島のつながりの基礎にはあったのである。

倭の有力な地域社会はこれを積極的に活用し、朝鮮半島からの使節や渡来人集団と関係をむすび、みずからも使者を派遣することで、朝鮮半島とつながっていた。これが五世紀の日朝関係の大きな特徴といえる。逆に、外交権の掌握をめざす倭王権の側からみれば、このネットワークをどのように掌握していくかが、重要な課題だった。

そして、次の五世紀後半から六世紀前半、倭は地域社会の独自の交渉を押さえこむための実力行使に踏み切る。これについては、次章の後半で検討していきたい。

引用・参考文献

（日本語）

諫早直人二〇一二『東北アジアにおける騎馬文化の考古学的研究』雄山閣

李成市一九九四「表象としての広開土王碑文」『思想』八四二　岩波書店

亀田修一二〇〇四「播磨北東部の渡来人——多可郡を中心に——」『考古論集』河瀬正利先生退官記念論文集

重藤輝行二〇一二「九州に形成された馬韓・百済人の集落——福岡県福岡市西新町遺跡を中心として——」中央文化財研究院編『馬韓・百済人たちの日本列島移住と交流』書景文化社
下垣仁志二〇一二「考古学からみた国家形成論」『日本史研究』六〇〇
高田貫太二〇一四『古墳時代の日朝関係——新羅・百済・大加耶と倭の交渉史——』吉川弘文館
田中俊明一九九二『大加耶連盟の興亡と「任那」』吉川弘文館
田中俊明二〇〇九『古代の日本と加耶』日本史リブレット七〇　山川出版社
都出比呂志一九九一「日本古代の国家形成論序説——前方後円墳体制の提唱——」『日本史研究』三四三
新納　泉二〇〇五「経済モデルからみた前方後円墳の分布」『考古学研究』五二—一
朴天秀一九九五「渡来系文物からみた伽耶と倭における政治的変動」『待兼山論叢』二九　史学篇　大阪大学文学部
若狭　徹二〇一五『東国から読み解く古墳時代』吉川弘文館
（韓国語）
国立羅州文化財研究所二〇一四a『高興野幕古墳発掘調査報告書』
国立羅州文化財研究所二〇一四b『古墳を通してみた湖南地域の対外交流と年代観』第一回古代古墳国際学術大会
朴天秀二〇〇七『新たに叙述する古代韓日交渉史』社会評論
申敬澈一九九五「三韓・三国時代の東萊」『東萊区誌』東萊区
申敬澈・金宰佑二〇〇〇『金海大成洞古墳群I』慶星大学校博物館
李暎澈二〇一一「高興掌徳里獐洞で確認された多葬墳丘墓伝統の梯形古墳築造背景と課題」『高興掌徳里獐洞遺跡』高興郡・大韓文化遺産研究センター
李熙濬二〇〇七『新羅考古学研究』社会評論
李熙濬二〇一五「池山洞古墳群と大加耶」『高霊池山洞大加耶古墳群』大加耶博物館

第三章　王権の興亡と関係の再編
——五世紀後半〜六世紀前半

百済・新羅・倭の交渉をしめす古墳

五世紀後半から六世紀前半にかけて、朝鮮半島の情勢は緊迫の度合いを深めていく。百済は高句麗によって首都を滅ぼされ滅亡の危機に瀕《ひん》するが、なんとか復興をとげて紆余曲折をへながらも勢力を回復させる。新羅は高句麗とたもとを分かつことで大きく成長を遂げ、加耶へ侵攻する。そして両者の狭間にある加耶では、金官加耶が衰退する一方で大加耶が勢力を広げるが、結局は両者ともにあいついで滅亡してしまう。

このような激動の情勢の中で、百済、新羅、大加耶、栄山江流域は倭とさかんに交渉を重ねていく。倭と友好的につながっていくことが、みずからの国際環境を好転させるために有益と考えたからだ。そのため、その交渉の形は徐々に王権が主導するものとなっていった。倭の側も先進文化の安定的な受容をもくろみ、活発な交渉活動を展開するが、しだいに倭王権が地域社会の独自的な交渉をおさえこみ、外交権の掌握をはかる。

この時期はまさに日朝関係の最盛期であるとともに、交渉の形が王権間の外交へといちおうは定まっていく時期でもある。それぞれの交渉目的が複雑にからみあいながら推移した日朝関係を、それぞれの社会の立場から少しずつ解きほぐしていきたい。かなりこみいった話の展開になると思うけれど、おつきあいいただければ、と思う。まずは百済である。

1　百済の滅亡・復興と倭

百済の滅亡と復興

百済の最大の課題はいぜんとして、高句麗の南下にどう備えるか、だった。四三三年には、高句麗の圧力に対抗する動きをみせはじめた新羅と手をむすび、その後の高句麗の攻撃に共同で対処するようになる。また、倭とも良好な関係を維持するように努めていて、四六一年に王弟の昆支《コンジ》を「質」として倭へ送ることで倭の出兵を画策したようだ。

しかし、高句麗のあいつぐ侵攻によって百済は疲弊し、追い込まれる。その危機を打開

熊津故地（錦江と公山城）

しようと、四七二年には高句麗と関係が深い中国北魏へ使臣を送って、高句麗の征討を訴えたが、不成功に終わった。結局、四七五年に高句麗が百済に大規模な攻撃をしかけ、百済王都の漢城《ハンソン》（現在のソウル）を陥落させ、百済の蓋鹵《ゲロ》王を捕えて殺してしまう。百済はまさに滅亡の危機に瀕した。

しかし、あやうく難をのがれた王子とされる文周《ムンジュ》によって、百済は錦江《クムガン》流域の熊津《ウンジン》（現在の忠清南道公州《チョンチュンナムドコンジュ》市）の地において復興をとげた。しかし、有力貴族の反乱があいついで起こり、まさに内憂外患の危機をむかえる。その中で、文周王も殺害される。これを何とか鎮圧し、東城《ドンソン》王の代になると、百済の政情は徐々に安定したようだ。継続する高句麗の攻撃についても新羅との共同対処が功を奏した。四八一年には大加耶とともに新羅へ援軍を派遣するまでに勢力を回復させている。

実は、このような百済の復興には、倭の協力があったようだ。例えば、『日本書紀』雄略二三年（四七九）条の記録によれば、倭で産まれたとされる末多《マルタ》（昆支の子）が「筑紫国軍士五百人」の警護を受けて百済へ帰り、東城王として即位したとされる。

ただ、東城王代の後半には水害や飢饉によって国内情勢は安定せず、東城王自身も政変によって排除されてしまう。その後、武寧王《ムリョン》が即位し、その二三年におよぶ治世によって、ようやく百済は安定期を迎える。

以上のように、史料からみると五世紀後半に百済と倭は確かに友好的な関係にあったようだが、その関係がどれだけ百済の対高句麗政策に有効だったのかについては、疑問符がつく。また、百済が協力を求めたのは倭だけではない。中国へ遣使して高句麗を牽制したり、新羅や大加耶と共同して高句麗を撃退している。百済の対倭交渉はさまざまな対外政策の一環にすぎなかった、ともいえるだろう。

百済の多元的な外交と倭——新鳳洞古墳群

それでも、五世紀後半の百済と倭の関係をしめす遺跡が、百済圏でいくつか確認されている。その代表例が、現在の忠清北道清州《チンジュ》市にある新鳳洞《シンポンドン》古墳群だ。古墳群の中で五世紀後半の大型墳である九〇B—一号墳から、倭系の甲（三角板鋲留短甲《さんかくばんびょうどめたんこう》）や鉄の鏃《やじり》、そして須恵器がまとまって出土した。

新鳳洞90B–1号墳群出土の倭系短甲（国立清州博物館）

清州地域は内陸交通路の要衝で、そこから錦江をつたって比較的容易に西海岸へ出ることもできる。そのために百済王権もこの地域を重視していたようで、五世紀には王権とつながりを持つ有力な地域社会が存在していた。その中心墓地が新鳳洞古墳群だ。その中でも規模が大きい九〇B―一号墳から、倭系の文物が出土した背景を、どのように考えればよいのだろうか。

この問いを検討するには、次のような特徴に注意しなければならない。

①九〇B―一号墳は他の古墳と混在して立地する。また、百済王権との関係をしめす馬具も出土した。

②古墳群では、大加耶や慶尚南道《キョンサンナムド》西部（小加耶）に系譜を求められる副葬品も確認できる。

③このような外来の文物が副葬された時期は、おおむね五世紀中ごろから後半である。

④百済の都だった漢城から加耶へ向かう陸路沿いに、清州は位置している。

①～④の特徴から、新鳳洞古墳群を造営した集団は、倭だけではなくて、大加耶や慶南《キョンナム》西部（小加耶）ともつながりをもっていたことがわかる（成正鏞二〇一三）。おそらく、百済王権と倭・加耶との外交を仲介するような役割を担っていたのだろう。

倭系武装を備えた被葬者とは

百済圏では新鳳洞九〇B―一号墳のほかにも、五世紀中ごろから後半に倭系甲冑を副葬した古墳がいくつかみつかっている。甲冑とあわせて副葬された武器についても倭系の要素がみてとれる。このような倭系武装を備えた被葬者は、渡海した倭人そのものか、倭との交渉に深くたずさわった人だろう（鈴木二〇一三）。中には、百済から軍事的な役割を求められて倭から渡海した「傭兵《ようへい》」のような人もふくまれていたかもしれない。

ただし、倭系の武器や甲冑を副葬した古墳は倭から渡海した兵士の墓だ、という固定したイメージはいだかないでほしい。五世紀の倭では、甲冑は実際の戦闘で用いた道具というよりは、そのやりとりや保有によって倭王権とのつながりをしめす威信財としての性格が強い。

したがって、朝鮮半島で出土した倭系の甲冑も、まずはそれをもっていた人と倭とのつながりをしめす威信財として評価する必要がある。古墳から倭系の武器や甲冑が出土したことだけでは、そこに葬られた人を倭人と確定することはできないのだ。倭系の甲冑のほかにも、古墳を構成するさまざまな要素に倭とのつながりが認められた時にはじめて、その被葬者が倭人である可能性を吟味すべきである。前章の冒頭でみた西南海岸の倭系古墳がその好例である。

であるから、新鳳洞九〇B—一号墳の被葬者を倭人、ひいては倭の兵士と断定することはできないし、いまのところ百済圏で、これこそは倭の軍団の墓地だ、と紹介できる古墳群もみあたらない。また、この時期の大加耶にも倭系甲冑がかなり分布している。したがって、九〇B—一号墳の被葬者は、みずからが属する地域社会や百済王権の意向に沿いつつ、倭や加耶などとの関係の維持を担い、その中で倭系甲冑を手に入れたと考えるべきだろう。

百済系渡来人の墓——高井田山古墳

当時の日本列島にも、百済と倭の交渉を物語る古墳がある。その代表例が大阪府高井田《たかいだ》山《やま》古墳だ。初期の横穴式石室を埋葬施設に採用した古墳である。その被葬者の姿を探った安村俊史《やすむらとしふみ》氏の見解（安村一九九六）に耳を傾けよう。

安村氏は高井田山古墳の石室が百済に系譜を求められること、そのサイズが百済王族の墓地（公州市宋山里《ソンサンリ》古墳群）の石室に匹敵することを指摘する。また、熨斗《のし》（昔のアイロン）や金箔《きんぱく》をはさんだガラス玉などの百済系の副葬品、百済では一般的な夫婦合葬《がっそう》という埋葬の仕方から、被葬者や古墳をきずいた集団と百済の深いかかわりを指摘した。

大阪府高井田山古墳（柏原市教育委員会）

さらに、古墳の近くにある大県《おおがた》・大県南遺跡が大規模な工房であることとから、高井田山古墳の被葬者について、百済が高句麗南下によって政治、軍事的な圧迫を受ける中で「技術工人らとともに渡来した集団の長であり、王族に匹敵するような人物」（安村一九九六、一八五頁）と解釈した。筆者も同感だ。

そして、この人は単に動乱から逃避してきたというよりも、百済王権の外交を有利に展開させるように活動した「質」のような役割も担っていただろう。そして、さまざまな技術者を引き連れて、倭に先進のモノ、情報、技術をもたらした。

ただし、意外に思われるかもしれないが、五世紀後半の倭では、百済から直接もたらされた文物は、それほど多くはない。その理由は正直わからないが、とりあえず筆者は、百済の対倭外交は、大加耶や栄山江流域が仲介するような形が多かったためではないか、と推測している。今後の検討課題のひとつだ。

六世紀前半の百済

六世紀前半に話を移したい。六世紀に入っても、高句麗と百済の抗争は続く。しかし、武寧王の代には、戦況はむしろ百済に有利だったようで、五二一年に新羅とともに中国梁《りょう》へ遣使した時には、高句麗に対する優位をアピールするほどだった。

高句麗の南下へ対応ができるようになると、今度は百済が南方へ領域を拡大しようと動き出す。五一〇年代には己《キ》汶《ムン》・滞《テ》沙《サ》と呼ばれた蟾津江《ソムジンガン》の流域へ進出する。後に触れるが、蟾津江は大加耶がもちいた交通路で、その河口は重要な港だった。その地域へ進出したために、それまで友好関係にあった大加耶と厳しく対立するようになった。

そして、栄山江流域の統合も徐々に進めていった。早くに四九〇、四九五年に東城王は武勲のあった王族や貴族のために、栄山江流域の拠点を名に付した「王」「侯」の除正(官職につかせること)を中国南斉《なんせい》に求めている。この動きは、栄山江流域に対する支配権を中国に認めてほしいということで、「現実にその地域まで支配が及んでいないか、あるいは及んでいても、まだまだ不安定な状態にあることをしめしている」(田中二〇〇二、二四八頁)。

そしてまさにこの頃に、前方後円墳が栄山江流域にあいついできずかれた。現在ほぼ確実なものとして一三基が確認されている。その背景については次章で詳しくみていくが、ここでは、栄山江流域の前方後円墳が、百済による統合が進展することと深い関係があることを確認しておく。

このように武寧王代に百済は勢力をのばした。次の聖明王《ソンミョン》は国力の充実を背景に、熊津より南の泗沘《サビ》(現在の忠清南道扶余邑《ブヨウプ》)に遷都した。加耶へ圧力を強め、栄山江流域の統合を進めるためだ。しかし皮肉にも半島の情勢は、この遷都の後、徐々に百済に不利になっていく。

まず、五二九年の戦いで高句麗に大敗してしまう。さらに、新羅が金官加耶に対する侵攻を本格化させ、五三二年には金官国を滅亡させる。これによって高句麗南下への対応で協調していた新羅とも対立関係におちいる。

それでも高句麗に対処する必要があったようで、五四一年に新羅と再度和議をむすぶ。そして、五五一年にはかつての首都だった漢城の地を高句麗から奪還することに成功した。ところがその翌年、その地を新羅に奪われてしまい、両者の同盟はわずか一〇年ほどで決裂した。反撃を期する聖明王だったが、五五四年の管山城《クアンサンソン》の戦いで新羅に敗れ、殺害されてしまう。これによって百済は、すぐに態勢を立て直せないほどの大きな打撃を受けた。

以上のように、六世紀前半の百済をとりまく情勢は推移していった。その中で倭との関係はどうだったか。

緊密な百済と倭

武寧王、聖明王の代になると、百済は倭との関係をより深めていく。例えば、和歌山県橋本《はしもと》市にある隅田《すだ》八幡《はちまん》神社に所蔵されている人物画像鏡の銘文には、五〇三年に武寧王（斯麻《サマ》）が次の倭王候補たる継体《けいたい》（孚《ふ》弟《と》王）に使臣を送って好《よしみ》を通じたことが記録されている。

また、大加耶の重要な交通路だった蟾津江の流域（己汶）へ進出した際には、倭へ支援を要請し、その見返りとして五経博士《ごきょうはかせ》の段楊爾《ダンヤンイ》を倭へ派遣した。その後、数度にわたって技術者や知識人を倭へ派遣している。例えば、『日本書紀』欽明《きんめい》一四年（五五三）六月条には、百済が倭に軍事的な支援を求める代わりに、多彩な知識人を倭へ派遣したことが記されている。この年は、まさに聖明王が敗死した管山城の戦いの前年にあたる。

　このように六世紀前半の百済は、対高句麗のための支援要請とともに、急速に関係が悪化した大加耶や新羅に対する牽制のため、倭との関係を緊密にしておく必要があった。

隅田八幡神社所蔵の人物画像鏡（複製品
隅田八幡神社　国立歴史民俗博物館）

　この百済の動きに対して、倭も積極的に応じていたようだ。武寧王や王妃、ほかの王族の墓には、コウヤマキ製の木棺がおさめられている。このコウヤマキは材木としては丈夫で朽ちにくく、水に強いなどの特性をもつ。日本列島に主に自生する樹木なので、六世紀前半に倭が百済へさかんに材木として贈っていたことがわかる。

　この緊密な関係を裏づけるように、六世紀前半になると、さまざまな百済系の文物が倭に広まった。特に、五世紀には数少なかった百済系のアクセサリーをセットで副葬する有力首長墳が各地で確認できる。これは、倭が百済を重視する姿勢を

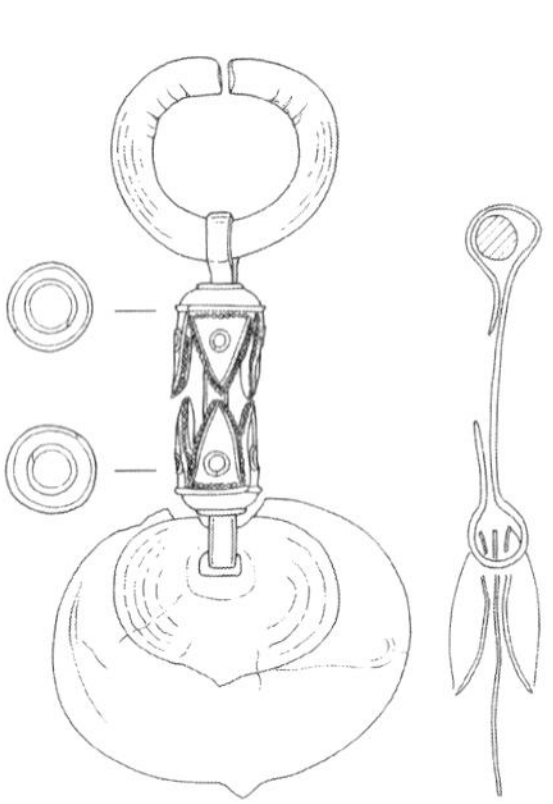

江田船山古墳出土の百済系耳飾（菊水町史編纂委員会2007より転載）

鮮明にしたことの表れだろう。

ここで注意すべきは、六世紀前半の百済は、大加耶と己汶・滞沙の領有をめぐり厳しく対立し、新羅との協力関係も、新羅の加耶への侵攻をめぐって大きく損なわれたということだ。したがって、五世紀後半とはちがって、百済は基本的に単独で倭と交渉することになった。六世紀前半に百済系のアクセサリーが列島各地でよくみられるのは、このような事情も反映しているのだろう。ともあれ、倭と百済の両王権はまさに蜜月状態にあり、その友好関係は長く続いた。

2　新羅の対外戦略と倭

新羅の「脱高句麗化」

次に、新羅の状況をみていこう。五世紀前半までの新羅は、高句麗に対し従属的な姿勢をとってきた。それが五世紀の中ごろになると、その影響下からの脱却を試みるようになる。

例えば、『三国史記』には四五〇年に、新羅が高句麗の辺境守備のための将軍を殺害した事件が記録されている。また、『日本書紀』にも、四六四年に新羅が自国に駐屯していた高句麗軍を撃退したことが記されている。さらに、四五〇年代以降には高句麗南下に対して、百済と共同で対処するようになり、数度にわたりこれを撃退することに成功している。

高句麗の従属下にあった新羅が百済とむすび、高句麗の圧力に対抗し、これを排除する動きに転じたことを「脱高句麗化」とよぶことがある（井上二〇〇〇）。このような新羅と百済の友好的な関係は、新羅が加耶に対する圧迫を強める六世紀前半まで維持された。

このような新羅の動きからみれば、倭と友好関係にあった百済や大加耶とともに、新羅が倭に対しても、交渉をおこなった可能性はある。ただ、このことについて史料はほとんど何も語ってはくれない。特に『日本書紀』はほぼ一貫して新羅を敵対的な社会として描く。それでは考古学的にみた時にはどうだろうか。

五世紀後半の新羅と倭

結論的にいえば、五世紀後半における新羅と倭のかかわりをしめす史料は、日本列島各地にそれなりに分布している。例えば、五世紀後半から六世紀前半にかけて、新羅系の土器が九州から東北にかけて広く分布する（白井二〇〇〇）。また、新羅のアクセサリーや武器、馬具などを副葬した古墳も確認できる。新羅圏でよくみられる埋葬施設を採用した古墳もきずかれた。

したがって、考古学的には五世紀後半の新羅と倭が没交渉だったとは考えにくい。脱高句麗化を課題とした新羅の立場からみれば、高句麗を警戒する策のひとつとして、百済や大加耶とともに、倭に対して友好的な関係の維持を目的として交渉を重ねていたようだ。

それを裏づける考古学的な状況がある。それは、倭の古墳に新羅系の文物が副葬される場合、百済や大加耶系のものと一緒に副葬される場合が多い、ということだ。例えば、福岡県小正西《おばさにし》古墳では、百済・大加耶系の武器や馬具とともに、新羅系の馬具も副葬されている。このことは、新羅と百済、そして大加耶が相互に関係を深める中で、新羅も情勢の好転をはかって倭との関係を模索する局面があったことを物語っている。

倭王権とのチャンネル——蓮山洞古墳群の倭系甲冑

蓮山洞古墳群

そして、おそらく新羅と倭のつながりを仲介していたのが、東萊（釜山）地域だった。東萊が倭との交渉に重要な役割を果たしていたことは、これまでも紹介してきた。五世紀中ごろには新羅の支配が進み、福泉洞《ポクチョンドン》古墳群の造営が衰退していく一方で、新たに蓮山洞《ヨンサンドン》古墳群が造営される。その最大の特徴は、新羅の地域統合の象徴だった高塚《たかつか》（高大な墳丘をもつ古墳）をきずくようになったことだ。しかしながら、この造営集団もある程度の主体性をもち、活発な対外活動をおこなっていたようだ。それは次のような理由からだ。

まず、蓮山洞古墳群の埋葬施設は、長大で副葬品用の副槨《ふくかく》を備えた竪穴式石室である。これは東萊独自の伝統的なものだ。そこにおさめられた副葬品は、土器は言うまでもなく、アクセサリーや馬具なども新羅王権とのかかわりをしめすものが多いが、百済や大加耶とのかかわりをしめす副葬品も確認された。

そして、実に多くの倭系甲冑が副葬されていた。これまでのところ、五基の高塚から倭系の甲《よろい》が出土している。特にM三号墳では「襟付短甲《えりつきたんこう》」とよばれる特殊な甲が出土した。この甲は、当時の倭王権中枢の首長層が保有できたものである。さらに、鉄鏃《てつぞく》などの武器にも倭系のものがふくまれる。

したがって、倭王権から東萊へ数度にわたって甲冑や武器が贈られていた可能性が高い。すなわち、東萊は倭王権と直接的なつながりを有していたのである（橋本二〇一五）。また、前章の第6節でみたように、五世紀を通じて東萊は瀬戸内とも深くむすびついていた。

このような東萊地域がもつ倭との独自のチャンネルを、新羅王権が活用して倭と交渉していたのだろう。逆にみれば、それだけ東萊地域の主体性はまだ維持されていたのであって、蓮山洞古墳群の造営が停止される段階こそが、新羅王権が東萊を完全に統合し、その

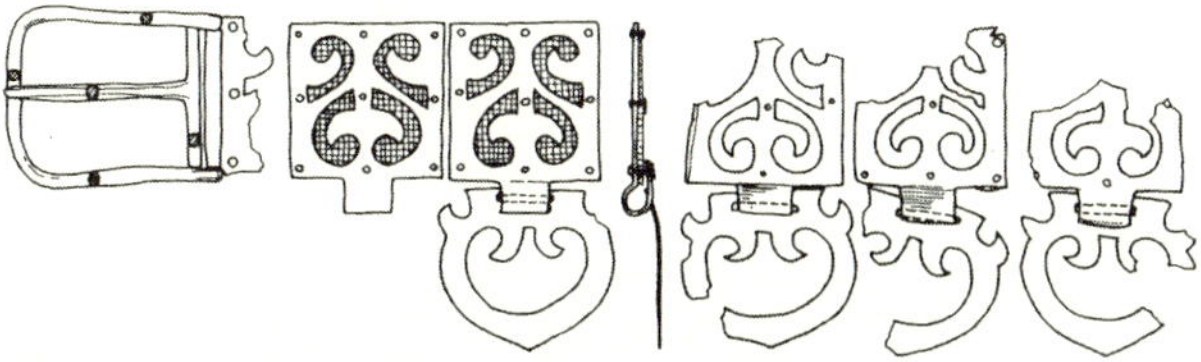

櫨山古墳出土の新羅系帯金具（嶋田1991より転載）

独自の交渉権を手中におさめた時期と考えられる。

北部九州とのむすびつき――櫨山古墳の帯金具

五世紀後半の倭の中で、新羅系の副葬品や埋葬施設がまとまる地域がある。それが北部九州だ。ここで新羅と北部九州のつながりを象徴するアクセサリーをひとつだけ紹介しておきたい。それは、福岡県櫨山《はぜやま》古墳で出土した金銅でつくられた三葉文透彫帯金具である。これは新羅の典型的な帯金具で、新羅圏では王権の社会統合を象徴する威信財として重要な役割を果たした。五世紀後半の倭では他にみられないもので、おそらく、櫨山古墳の被葬者が直接手に入れたか、もしくは彼（彼女）自身が新羅からの渡来人だった可能性がある。そして、新羅と北部九州の直接交渉にたずさわっていたのだろう。

このような新羅と北部九州の不断のむすびつきが、のちの「磐井の乱」の際に、新羅が九州の大首長の磐井と手をむすぼうとした動きへつながっていくようだ。このことについては、第7節であらためて検討する。

勢力を広げる新羅

話を六世紀前半に移す。五二一年、新羅は百済とともに中国南朝の梁に遣使した。これは一四〇年ぶりの中国への遣使だった。その背景に洛東江以東地域の統合を果たした新羅王権の成長がある。その成長をしめすように、各地の高塚群の規模が縮小し、埋葬施設も横穴式石室に統一されていく。副葬される土器の形も画一化する。これは、新羅王権が地域社会の既得権をみずからの手中におさめ、中央集権化をすすめたことを意味する。

そして、地域内紛争を解決してその結果を公示したり、王権が地域を統合したことをアピールしたりするために、その内容を記した石碑を領域の各地に建てるようになった。ほかにも「律令《りつりょう》」の制定、地方官の派遣、官位制の施行など、地方統治の体制を急速に整備していった（李成市二〇〇二）。

このような地方政策の充実を背景として、新羅は五二〇年代にはいると加耶の地に対する侵攻を本格化させた。そして、数度にわたる侵攻の末に五三二年、まず金官加耶を滅亡させた。実はこの加耶侵攻の際に、新羅は九州の大首長の磐井《いわい》に密かに「賄賂《まいない》」を贈り、倭王権による加耶救援のための派兵を阻止するように要請している。これが、かの有名な

「磐井の乱」につながった。

さらに五五二年には漢城（今のソウル）を百済から奪取した。それによって新羅の領域は西海岸にまで及ぶ。五五四年の管山城の戦いでは百済に大勝し、五六二年には孤立した大加耶を服属させ、加耶を完全に統合した。

以上のように、飛躍をとげていく新羅と倭の関係はどのようなものだったのだろうか。

六世紀前半の新羅と倭

六世紀前半の倭の古墳にも、それほど多くはないが、新羅系のアクセサリーや武器、馬具、土器などが見受けられる。例えば新羅系の垂飾付耳飾は、北部九州、瀬戸内、畿内などで確認できる。その中で注目できるのは、福岡県長畑《ながはた》一号墳で出土した垂飾付耳飾である。

この耳飾は、耳環の下にもうひとつ環を取りつけ、そこに鎖と心葉形の垂飾りをあしらったものだ。簡素ながらも精巧なつくりで、朝鮮半島で類例を探すと新羅圏の北部で確認できる。また、長畑一号墳がきずかれた地は、『豊前国風土記《ぶぜんのくにふどき》』逸文《いつぶん》に新羅系渡来人に関する記録が載っているので、史料とモノの状況が一致をみせる貴重な事例となっている。

そして、九州各地において新羅系の馬具、それも新羅の王陵からの出土品に比肩するような豪華な馬具が確認できる。例えば、福岡県長者《ちょうじゃ》の隈《くま》古墳から出土したと伝わる金銅製の鞍《くら》である。これを新羅からの舶載品《はくさいひん》と評価して、「磐井の乱」に先立つ時期に、独自の交渉権をもっていた九州の首長が独自に入手したとする見方がある（桃﨑二〇〇九）。

また、その磐井の墓と目される福岡県岩戸《いわと》山《やま》古墳から出土した石馬《せきば》についても、新羅とのかかわりが注目されている。岩戸山古墳の墳丘の周囲には埴輪ではなくて、中北部九州独特の石製表飾《せきせいひょうしょく》（人物・動物・盾・甲冑など各種の器材をかたどった石製品）が立てられていた。そのひとつに石馬があるのだが、そこに表現された馬具は新羅の馬具を強く意識して表現されたのではないか、と指摘されている（諫早二〇一二）。

このようにみてくると、六世紀前半にも新羅は倭との関係を維持しようとしていたことがわかる。この時期の新羅は、高句麗との対立に加え、加耶への侵攻によって百済や大加耶とも深刻な対立関係におちいった。この孤立的な状態の中で、倭が加耶侵攻の障害とならないように配慮していたというところだろうか。

しかし、倭王権が加耶救援の動きをみせると、「筑紫君《つくしのきみ》磐井」に対して使者を送り、その派兵阻止を要請している。これは、倭王権と九州が朝鮮半島との関係で必ずしも一枚岩ではないことを見抜いたうえでの戦略的な外交工作であり、それだけ新羅が倭の情勢に通じていたことの証でもある。

福岡県岩戸山古墳（上）とその石馬（下）（八女市教育委員会）

その後、新羅と倭はしばらく断絶状態にあったようだが、新羅は大加耶を滅ぼす直前、五六〇、五六一年を皮切りに継続的に倭へ使者を送るようになる。『日本書紀』では「新羅の調《みつき》」や「任那の調」という名目でさまざまな文物を提供したとされ、倭王権への接近をはかっていたことがわかる。それをしめすかのように、近年では、六世紀後半に新羅系の文物を副葬した古墳が、列島の各地で確認されている。

3　大加耶の飛躍と倭

活発化する大加耶と倭の交渉

これまで、百済と新羅からみた倭について述べてきた。ここからは大加耶の動きに話を移していきたい。五世紀後半から倭と最も活発に交渉を重ねたのが、おそらく大加耶である。この時期の倭では大加耶系と判断できる文物が数多く古墳に副葬された。代表的なものとしては、各種のアクセサリー、装飾馬具、そして武器などがある。そして、大加耶圏とその周縁では、五世紀後半以降に倭系古墳や倭系文物を副葬した古墳が多くきずかれた。

このように、大加耶と倭の交渉を物語る考古資料は充実している。そこで本節で五世紀後半、次節で六世紀前半の大加耶の交通路を明らかにしながら、大加耶がその交通路を活用してどのように倭との交渉をおこなっていたのか、について少し詳しく検討してみたい。

大加耶の成長と二つの交通路

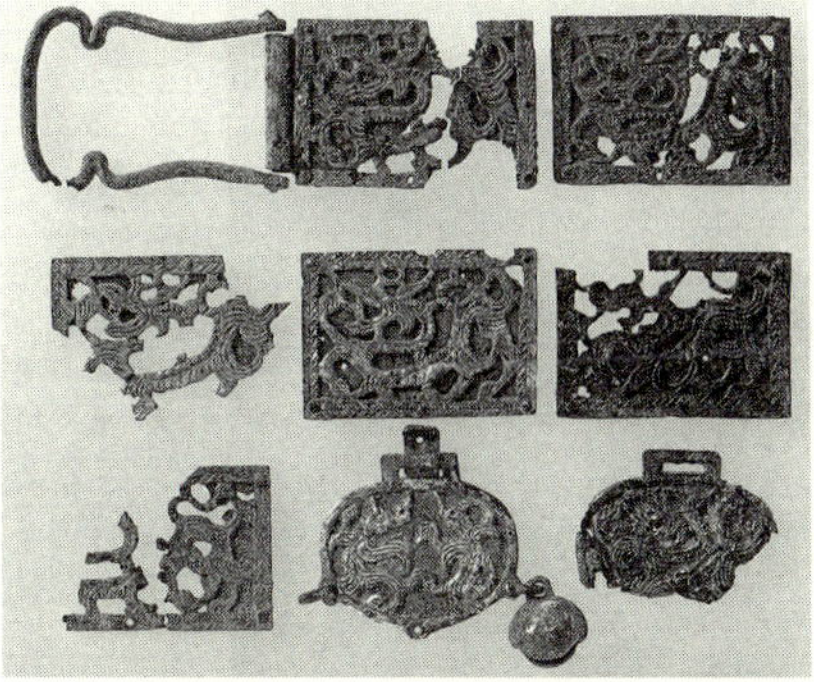
京都府穀塚古墳出土の大加耶系の帯金具（京都大学総合博物館）

五世紀後半になると、大加耶は本格的に洛東江より西側の地を統合するようになり、最も有力な加耶としての飛躍をとげる。それをしめすように、大加耶の土器やアクセサリー、装飾馬具などが、大加耶の中心である高霊《コリヨン》から各地へと拡散していく。また、高塚群もさかんに造営された。

このような成長を背景として、大加耶は国際社会へのデビューを果たす。四七九年には加耶で唯一、中国南斉への遣使を果たした。また、四八一年には高句麗の新羅侵攻に対し、百済とともに援軍を送っている。

このように、大加耶が対外活動をくりひろげることができた背景には、社会統合が進展したことのほかにもうひとつ、新羅との関係改善があるようだ。このころの新羅は脱高句麗化を達成するために百済と手をむすんでいた。それによって、百済と友好関係にあった加耶と新羅の対立もある程度は解消し、大加耶が対外的に活動する環境が整ったのだろう（李成市二〇〇二）。このような情勢の中で、大加耶は倭とも交渉をさかんにおこなう。それでは、大加耶はどのような交渉ルートを駆使していたのだろうか。

これまでの研究で、大加耶が活用した二つの交通路が提示されている（田中一九九二、趙榮濟二〇〇四、朴天秀二〇〇七など）。まず、中心地の高霊を出発して、居昌《コチャン》―咸陽《ハミヤン》―雲峯《ウンボン》盆地（もしくは咸陽――南原《ナムウォン》）と西へ進み、そこから蟾津江をつたって、求礼《クレ》―河東《ハドン》―南海岸に出るという蟾津江ルートである。もうひとつは、咸陽から南江《ナムガン》をつたって、山清《サンチョン》―晋州《チンジュ》と南へ下り、そこから固城《コソン》（もしくは泗川《サチョン》）―南海岸に出るという南江ルートである。この二つの交通路の想定は、地勢はもちろんのこと、古墳群の広がりや交渉で入手した外来の文物の分布、そして蟾津江流域に比定される己汶・滞沙に関する史料に基づくものだ。

蟾津江ルート

まず、蟾津江ルートについてみてみよう。蟾津江の下流域、滞沙の地に比定されている

興龍里古墳群と蟾津江（東亜細亜文化財研究院）

河東地域は、大加耶、小加耶、そして百済の境界の地である。いくつかの古墳群が知られているが、それぞれに副葬土器が特徴的である。まず、河東のなかでも内陸で小加耶圏に近い愚伏《ウボン》里《ニ》遺跡では、小加耶系の土器が主体をなしていた。その一方で、蟾津江沿いに位置する興龍里《ホンリョンニ》古墳群では、愚伏里遺跡とは逆に、その副葬土器は大加耶系の土器が大半を占めていた。

興龍里古墳群は、蟾津江下流域の東岸、低丘陵の稜線上にきずかれている。蟾津江をくだればすぐに南海に出ることができ、逆にさかのぼれば大加耶の中心へいたる。このような立地にある古墳群の副葬土器が、大加耶系を中心としていることは、大加耶王権の影響力が、蟾津江下流域におよんでいたことをしめしている。

ただし数は少ないが小加耶系、百済系そして新羅系と、多様な土器も確認された。多様な土器が副葬されているということは、この古墳群を造営した集団がさまざまな地域から土器を手に入れることができるほどに、河川、海上交通をなりわいとしていたことを意味している。したがって、大加耶王権は蟾津江ルートを利用しようとすれば、このような集団と友好的な関係をむすぶ必要があった。

そして、蟾津江ルートには、中心地の高霊から大きく迂回して百済圏との境界を通過しなければならない、という短所がある。五世紀後半の百済と大加耶は概して友好的な関係にあったが、百済の牽制を受けて交通路の結節点のひとつでも途切れてしまうと、すぐに利用が難しくなってしまう。ここにも、大加耶王権には蟾津江沿いの地域集団をみずからの側に引き入れておく必要性があった。

この蟾津江ルートが、五世紀後半の対倭交渉にどの程度用いられたのかについては、ルート沿いに倭系の文物がほとんど知られていないので、考古学的にはよくわからない。今後の成果に期待するしかないが、己汶・滞沙に関する史料によれば、大加耶の重要な港と交通路であったことは間違いなく、倭との交渉にも活用されていただろう。

南江ルートをめぐる大加耶と小加耶

次に南江ルートについて検討する。このルート沿いの咸陽—山清—晋州—固城・泗川には、五世紀後半の倭系の文物が点在しているので、このルートを活用して、大加耶が倭と交渉していたことは確かなようだ。

ただし、南江ルート沿いの倭系文物を、大加耶と倭の交渉の産物と即断してしまうことはできない。なぜなら、南海岸の固城や泗川には、小加耶が位置しているからだ。倭系文物が副葬された古墳には、小加耶の土器も副葬される場合が多いので、小加耶の活動によって須恵器がもたらされたとみることもできる（河承哲二〇一二）。

それでは、これまでの叙述にもくりかえし登場してきた小加耶とは、いったいどのような社会なのか。小加耶の存在は、『三国遺事《さんごくいじ》』五伽耶条の「小伽耶今固城」（小加耶は今の固城にあたる）という記事などが史料的な根拠となっている。考古学的には、小加耶様式という独特な土器セットが分布する範囲を小加耶圏と把握している。これは、現在の慶尚南道の西半部を中心に広がる。その王族の墓地は固城松鶴洞《ソンハクドン》古墳群と考えられている。大加耶と同様、五世紀後半から六世紀前半に最盛期をむかえたが、五六二年の大加耶滅亡に前後して滅んだようだ。

小加耶と大加耶は、小加耶の王族の墓（松鶴洞一号墳）に、大加耶の土器や装飾馬具が副葬されているところからすると、協調的な関係だったようだ。おそらく小加耶は大加耶王権の対外活動を仲介する役割を担っていたのではないか。

松鶴洞1号墳（東亜大学校博物館）

南江ルートは、大加耶にとっては百済や新羅との関係を考慮しなくても利用できた交通路なので、その魅力は高かった。五世紀後半以降、大加耶系の土器が南江ルート沿いへ広がっていくが、これは南江ルートを安定的に運用するための大加耶の動きをしめしている。

洛東江ルートの存在

蟾津江、南江のルートのほかに、もうひとつ大加耶の交通路として考えられるのは、高霊―陜川《ハプチョン》（玉田《オクチョン》古墳群）―洛東江―東萊という洛東江ルートである。例えば、五世紀に倭にもたらされた大加耶系の耳飾と同じものは、大加耶中枢の高霊や、それに次いで有力な陜川（玉田古墳群）を中心に分布する。高霊や陜川など大加耶の中心地から南海岸へ出ようとすれば、地勢からみてもっとも容易なのは洛東江をくだるルートだ。洛東江をはさんで対岸には新羅が位置するが、この時期に脱高句麗化をめざす新羅と大加耶の関係は好転していた。このことを重視すれば大加耶が洛東江ルートも活用していた可能性は高い。

そして、すでに紹介したように、洛東江下流域の東萊（釜山）は新羅の圧力が強まる中でも、新羅の対倭交渉を仲介しながら、まだまだ主体的な対外活動をおこなっていた。五世紀を通じてみると、東萊の地でも大加耶系の土器、耳飾、馬具などが出土している。したがって、大加耶王権は東萊とも関係をもち、洛東江河口の港を利用していたようだ。

大加耶の倭系甲冑

以上のようにみてくると、五世紀後半の大加耶王権は単一のルートを掌握して、対倭交渉をおこなっていたわけではないことがわかる。むしろ、交通路沿いの集団との関係を随時考慮しながら、蟾津江、南江、そして洛東江というそれぞれの交通路を臨機応変に利用していた。

このような交渉の中で、大加耶の中心地、高霊や陝川には甲冑や須恵器などの倭系文物がもたらされた。例えば、五世紀中ごろの王陵級の古墳である高霊池山洞《チサンドン》三二号墳では、豊富な副葬品の中に倭系甲冑がふくまれていた。また、同じく有力な三〇号墳につきした

高霊池山洞32号墳出土の倭系甲冑（国立金海博物館）

がうようにきずかれた小さな石槨からも、倭系の冑《かぶと》や須恵器が出土している。陜川玉田二八号墳でも倭系甲冑が在地の武装具と一緒に副葬されていた。このように、大加耶の中心地ではさまざまな階層の墳墓に、倭系の甲冑が副葬されていて、大加耶と倭との緊密な関係を象徴している。

おそらく、五世紀後半の大加耶による対倭交渉は、新羅や百済と同様に、高句麗南下に対する策のひとつだった。また、この時期に新羅や百済との関係は良好ではあったが、それは高句麗の南下への備えという一点に限られたものだった。この点で、両者の狭間に位置する大加耶にとって、海のむこうの倭と手をむすんでおくことには、重要な意味があっただろう。さまざまな交通路を駆使して、倭との交渉を重ね、友好的な関係の維持に努めた大加耶の姿が浮かび上がる。

4　大加耶の衰退と倭

大加耶の交通路と関連する古墳

蟾津江流域への百済の進出と大加耶

五世紀後半に飛躍的な成長をとげた大加耶だったが、六世紀にはいると、それをゆるがす衝撃的な事件が起きる。重要な港と交通路だった蟾津江の流域（己汶・滞沙）へ百済が進出したのだ。対外活動の大きな障害となったことはむろんのこと、それまで友好的な関係を維持してきた百済とは深刻な対立関係におちいった。

この事態の好転のため、大加耶が取った行動は二つある。ひとつは南江ルートの本格的な開拓である。それによって、倭とのむすびつきを強めようとしたふしがある。それは、倭系古墳が南江や洛東江沿いに点在するようになることだ。そして、もうひとつが新羅への接近だった。五二二年に大加耶は新羅と結婚同盟をむすぶ。その目的は百済への対抗だったが、より具体的には洛東江ルートを積極的に利用するためだった（李熙濬二〇〇七）。

ここからは、交通路沿いに位置したさまざまな集団と大加耶王権の関係を通して、六世紀前半の大加耶の対倭交渉を考えてみたい。

蟾津江ルートと順天雲坪里古墳群

蟾津江河口の西に順天《スンチョン》という地がある。蟾津江流域へ百済が進出する前後には、まさに百済と加耶の境界の地だった。ここに、五世紀後半から六世紀前半ごろに造営された雲坪《ウンピョン》里《ニ》古墳群があり、丘陵の尾根上に高塚古墳がきずかれている。これがこの地を根拠とした集団の首長層の墓地だ。そして丘陵斜面には中小の石槨墓が群集していて、集団の構成員の墓地とみることができる。副葬土器は大加耶系土器が多い。この古墳群の立地は、大加耶の王族の墓地（高霊池山洞古墳群）のミニチュア版のようで、造営集団は大加耶王権と緊密な関係をむすんでいたことがわかる。

ただし、高塚古墳の造営は五世紀末から六世紀初めに限定される。また、最も早くにきずかれた高塚（M二号墳）では、小加耶系の横穴式石室を埋葬施設としている。その周囲をめぐるように同じ墳丘内にきずかれた小さな墓群には、大加耶系に加えて、百済、小加

かつての滞沙地域（上）と順天雲坪里古墳群（下）

耶、栄山江流域、そして新羅という実に多様な地域からもたらされた土器が副葬されていた。

さらに、横穴式石室からは、大加耶系の耳飾と新羅系耳飾が一点ずつ出土した。この耳飾が一人の死者に着装されたものか、それともそれぞれ異なる死者に着装されたものなのかについては、よくわからない。前者だった場合、大加耶や新羅それぞれとつながりのあった被葬者の姿を想定できるだろうし、後者だった場合は、出身地またはつながりの深い社会が異なる二人の被葬者が埋葬されていたことになる。いずれにしろ、大加耶以外の社会ともつながりを持っていたことは確かだ。

このように、雲坪里集団と大加耶王権との密接な関係は想定できるけれども、大加耶が順天の地を安定的に掌握していたとは考えにくい。雲坪里古墳群の造営集団は、大加耶王権と関係をむすびつつ、外の社会とも主体的につながっていた。雲坪里の集団自体がさまざまな出身地の人びとで構成されていた可能性も高い。

麗水半島の地域集団——麗水竹林里車洞遺跡

また順天の南方、南海岸に突き出た麗水《ヨス》半島でも、多様な副葬品をあわせもつ古墳群がきずかれている。その代表例が竹林里車洞《チュンニンニチャドン》遺跡である。この遺跡は、南海にすぐ出ることのできる丘陵に広がっているが、四～六世紀にかけて造営された中小の墓が四〇基ほど確認された。また、古墳群の近くでは集落も確認され、海に面した地域集団の集落と墓地がセットで明らかとなった貴重な遺跡だ。

竹林里車洞Ⅱ−10号墓（上）とそこから出土した倭系甲冑（左）と小加耶、新羅の土器（右）（馬韓文化財研究院）

　五世紀後半から六世紀に造営された墓の副葬土器には、興味深い変化が認められる。六世紀初めまでは小加耶系を中心としながら、大加耶、百済、栄山江流域、ひいては新羅と、実に多様な系統の土器が副葬されていた。それが六世紀前半以降になると、百済系の土器が主体を占めるようになる。百済が六世紀前半にこの地を統合したことをしめすものだろう。

　そして、倭系の文物もみつかっている。例えば、集落では須恵器と小加耶や新羅の土器があわせて出土した住居が確認された。また墓地でも、倭系の甲冑と小加耶、新羅の土器がともに副葬された墓がきずかれている。これらの住居や古墳は、他と区別されて営まれたわけではないので、竹林里集団の構成員の中に、この地に定着した倭出身の人びともふくまれていたようだ。

百済と加耶の境界の地

　以上のように、加耶と百済の境界で海に面していた順天や麗水半島は、大加耶や百済の強い統制下にあったわけではない。むしろさまざまな社会や集団とつながっていたニュートラルな地域社会であって、その社会を構成する集団には出身地のさまざまな人びとも含まれていた。その中に、雲坪里集団のように大加耶と緊密な関係をむすんだ地域集団も存在した。

　おそらく、大加耶王権は百済の圧力が強まる中で、蟾津江河口より西方の地域集団と友好的な関係をむすび、その協力を得て蟾津江ルートをもちいた対外活動をおこなっていたのだろう。

南江ルートの本格的な開拓

　蟾津江ルートをとりまく状況に対して、南江ルートはどうだったのだろうか。注目すべきは、六世紀前半になると、南江に沿うように大加耶の土器が広く分布し、あわせて大加耶系のアクセサリーや馬具、武器などを副葬した高塚古墳が造営されるようになることだ。これは、大加耶王権が南江ルート沿いの地域統合を推し進めたことを物語る。その目的はむろん、安定的に南江ルートを運用するためだろう。それが功を奏して、大加耶が南江ルートを介して倭と交渉をおこなったことは、須恵器をはじめとする倭系文物や倭系古墳が、この交通路に沿って広く分布することからも裏づけられる。

　ただし、南江ルートと南海をむすぶ固城や泗川には、依然として小加耶が位置している。六世紀前半の小加耶の独立性をしめすのが、小加耶の王陵たる固城松鶴洞一号墳だ。この古墳は五世紀後半から王族の墓として用いられていたが、六世紀になると墳丘を拡張させながら整美な横穴式石室を採用する。そのひとつ、A―一号横穴式石室には、小加耶の土器に加えて、大加耶、百済、栄山江流域、倭、そして新羅と、実にさまざまな系譜の土器が副葬されている。また石室の構造の一部は北部九州の影響を受けていて、墳丘自体も前方後円墳を模した可能性が指摘されている（河承哲二〇一一）。

この松鶴洞一号墳をみるだけでも、小加耶が大加耶に統合されたとは考えにくい。上下の関係にはあったようだが、関門地としての独自性は保っていた。したがって、大加耶王権は小加耶に配慮し、良好な関係をきずく努力を惜しまなかったはずである。小加耶圏の他の古墳群にも、大加耶系の土器、アクセサリー、馬具などが副葬されていることは、このことを端的にしめす。両者は緊密な関係を維持していて、その中で小加耶が大加耶の対外交渉を仲介する役割を担うこともあったのだろう。

大加耶の地で葬られた倭人か――山清生草九号墳

ここで、南江ルートを利用して大加耶の地へおもむいた倭人の存在をしめす古墳をひとつだけ紹介したい。それは山清《サンチョン》生草《センチョ》古墳群の中の九号墳だ。

生草古墳群は南江の上流を望む丘陵に広がる。この地は南江ルートの要衝のひとつにあたる。五世紀後半から大加耶滅亡のころにかけて造営された古墳群で、大加耶の傘下にあって河川交通に秀《ひい》でた地域集団の墓地と考えられる。その景観は高霊池山洞古墳群とよく似ていて、丘陵の頂や尾根上には墳丘を有する高塚群がきずかれ、丘陵斜面には中小の石槨墓が群集している。それぞれ、首長層の墓地と集団構成員の墓地とみることができる。

注目できるのは、丘陵斜面の集団構成員の墓地に属する九号墳の存在である。この古墳

山清生草古墳群と南江。川の向こうの丘陵に古墳群が広がる（慶尚大学校博物館）

からは大加耶系の土器とともに、倭で生産された須恵器一二点と鏡が副葬されていた。さらに、赤色顔料をつめた小壺（朱入り壺）も副葬されていた。生草古墳群の中で倭系の副葬品が出土したのは、九号墳が唯一である。

九号墳に葬られた人が生草集団の構成員で、倭と深いかかわりをもっていたことは確かだ。けれども、彼（彼女）が大加耶へおもむいた倭人だったか、それとも倭人と交流を重ねた現地の人だったかについては、なかなか判断が難しい。

それでも、須恵器が数多く副葬されていること、大加耶圏では中小の墓に鏡を副葬することはまずないこと、さらには朱入り壺――倭の古墳にはしばしば副葬される――を副葬する習俗も確認できないことから考えると、九号墳の被葬者は倭の葬送儀礼にのっとって葬られたことは確実だ。したがって、儀礼の執行にはこの地へおもむいた倭人たちが深くたずさわっていたはずである。

そして、九号墳が墓地の中で他の墓と区別されていない状況が重要となる。もしも九号墳の被葬者が倭人ならば、在地の人びとと墓地をともにするほどに、地域社会の中に溶け

山清生草古墳群9号墳（上）と出土した倭の須恵器（下）（慶尚大学校博物館）

込んでいたことになる。また倭人と密接な交流を重ねた現地の人だったとすれば、倭とのつながりが広く知られていたために、葬る際に倭人が葬送に参加して倭の儀礼を執りおこなったのだろう。

ともあれ、南江ルートを介して大加耶へおもむいた倭人がいたことは確かであり、河川交通に長けた現地の人びととの間に密接な交流がつちかわれていたことを、山清生草九号墳は今にしめしてくれている。

洛東江ルートをめぐって

これまで、六世紀前半の蟾津江ルートと南江ルートをとりまく情勢についてみてきた。次に、もうひとつの交通路、洛東江ルートの状況をみてみたい。

洛東江ルートをめぐる大加耶の動きがうかがえる地域として、洛東江下流の西岸、昌《チャン》原《ウォン》の地がある。かつて百済と倭の通交を仲介した卓淳《タクスン》国に比定されている地で、五世紀までは金官加耶に属していた。

しかし、六世紀に入ると状況が一変し、大加耶系の土器やアクセサリーが古墳に副葬されるようになる。おそらく大加耶は、六世紀前半に河川交通の要衝地たる昌原をある程度は統合したようだ。その目的には洛東江ルートの運用があったろう。ただし、洛東江の対岸には新羅が位置し、洛東江を安定的に利用するためには、新羅と協調することが不可欠だった。大加耶は五二二年に新羅と結婚同盟をむすぶが、その真の意図は、おそらくここにある。

宜寧地域の二つの古墳群――景山里と雲谷里

六世紀前半に大加耶が洛東江を介して対外活動をおこなったことをしめすのが、洛東江西岸の宜寧《ウイリョン》地域の二つの古墳群である。まず、洛東江に面して位置する景山里《キョンサンリ》古墳群が注目される。一号墳の横穴式石室には、被葬者を安置する「石屋形《いしやかた》」が設置されていた。石屋形とは石室の奥に板石を組み立てて設けた施設のことで、中北部九州地域によくみられる。おそらく一号墳の石室の構築には、倭人もかかわっていた。また、二号墳では百済とのつながりをしめす装飾大刀、馬具、アクセサリー、銅鋺《どうわん》などが出土した。副葬土器は基本的に大加耶の土器であるが、二五号墳のように小加耶系土器がまとまって副葬された墓もある。

そして、洛東江ルートと南江ルートをむすぶような位置にきずかれた雲谷里《ウンゴンニ》古墳群では、さらに多様な埋葬施設や副葬品が認められる。古墳群形成の契機となった、すなわち古墳群の中できずかれた時期が最も古い一号墳では、倭系の横穴式石室がきずかれてい

景山里1号墳の横穴式石室の石屋形（上）と雲谷里古墳群1号墳の倭系横穴式石室（下）（慶尚大学校博物館）

る。玄室の平面形がふくらみをもつこと（胴張《どうばり》）や、玄室の奥壁に設置された石棚が倭系の要素である。一方で、そこにおさめられた木棺は、釘や鎹を用いて組み立てられ、円環をそなえた装飾金具が取りつけられている。これは百済的な色彩である。副葬された土器も多彩で、初葬の際に大加耶系、小加耶系の土器が副葬され、そして追葬の時には新羅系土器がおさめられた。

このように、景山里と雲谷里それぞれの集団は、洛東江を介して（雲谷里の場合は南江も利用して）多様な社会と交渉を重ねていた。おそらくは、大加耶王権の意向を反映した対外交渉を担っていた地域集団だろう。

巨済島の倭系古墳——長木古墳

もうひとつ、洛東江ルート、そして南江ルートを介した大加耶（そして小加耶）と倭の交渉をしめす古墳を紹介したい。それは巨済《コジェ》島にきずかれた長木《ジャンモク》古墳である。巨済島は洛東江河口の南西に位置し、対馬島との間の海峡が最も狭くなる地勢である。豊臣秀吉による文禄・慶長の役では、日本軍がこの島を拠点のひとつとしていて、いくつかの倭城《ウェソン》がきずかれた。そのひとつの永登里《ヨンドンニ》倭城のほど近く、箇谷《カンコク》湾という湾を望むことができる丘陵の頂に長木古墳は立地している。

筒谷湾と巨済島長木古墳（手前の山のひらけた部分）（慶南発展研究院）

長木古墳は直径一八メートルほどの円墳で、五世紀末から六世紀前期にきずかれた。墳丘には葺石が葺かれ、墳丘の周囲を円筒形の土器がまるで埴輪のようにとりまいていた。さらに、埋葬施設の横穴式石室は、北部九州の石室と同形である。倭の古墳の造営技術や構造を総体的にとりいれた古墳であり、その造営に倭から渡来した集団が関与したことは間違いない。石室には、倭系の甲や大加耶系の武器が副葬され、そして墳丘からは小加耶系の土器が出土した。

長木古墳の立地が海を意識していたことは明らかで、古墳が見下ろす筒谷湾は、日本列島から朝鮮半島へいたる航海において、寄港地として最適である。そして、近隣に地域集団の墓地が営まれているにもかかわらず、長木古墳はそれから離れて独立してきずかれている。その被葬者は、この地において異質な存在として葬られたことは明らかで、倭人だった可能性はきわめて高い（河承哲二〇〇六）。

この地に渡来し、長木古墳を造営した倭人集団は、大加耶や小加耶と倭の交渉を担っていたと考えられる。ひいては南海岸をつたって、より西方の栄山江流域や百済へ向かおうとしていたのかもしれない。いずれにしろ、洛東江や南江ルートへ進入するため、もしくは南海沿岸の航路へ進むため、風待ち・潮待ちの港として簡谷湾を利用したのだろう。

倭系古墳の被葬者をどう考えるか

倭系古墳の被葬者について付言しておきたい。これまでの叙述にも当てはまるが、長木古墳のような倭系古墳の問題を、葬られた人が倭人なのか現地の人なのか、ということにあまりに限定してしまうと、葬られた人々や古墳をきずいた集団の活動を、特定の社会の側から一面的に把握してしまう危険性がある。

これまで紹介してきた倭系古墳はいずれも、朝鮮半島の沿岸部や島、加耶や百済の交通路の要衝にきずかれている。そして、それぞれの地に根拠を置く地域集団とかかわりをもっていた。朝鮮半島のさまざまな社会から贈られた威信財を副葬した例もある。したがって、倭系古墳に葬られた人の出身地が倭だったとしても、彼（彼女）の活動が、常に倭の側すなわち倭王権や北部九州などの意向に沿ったものだったとは限らない。おそらく朝鮮半島の側の立場から行動することも多々あったろう。

したがって、倭系古墳の被葬者については、当時の境界を往来しながら倭と朝鮮半島をむすびつける役割を実際に担った、いうなれば境界に生きる人びととして評価することが、より重要である。

交通路からみた大加耶の特色

以上、冗長となってしまったが、六世紀前半の蟾津江ルート、南江ルート、洛東江ルートをめぐる情勢について検討してきた。結局、大加耶は単一の対外交通路を安定的に確保することができなかったようだ。蟾津江ルートは百済、南江ルートは小加耶との協調が必要であり、洛東江ルートも加耶侵攻をもくろむ新羅との関係に常に注意を払わなければならなかった。さらには交通路沿いに位置する地域集団の懐柔も不可欠だった。

単一ルートの掌握がかなわなかったかわりに、大加耶はむしろ複数の交通路を臨機応変に活用し、倭との交渉を積み重ねていた。むしろ、ここに大加耶の対外活動の特色があるだろう。結果論になるが、単一のルートに依存しなかったことがかえって、大加耶の活発な対外活動を可能としたのかもしれない。

最後に、滅亡までの大加耶の動きを概観しながら、その対倭交渉の目的を浮き彫りにしたい。

大加耶の滅亡と倭

蟾津江流域（己汶・滞沙）の領有をめぐって百済と対立した大加耶は、五二二年に新羅と結婚同盟をむすぶ。しかし、五二九年にこの同盟は破棄となってしまい、この外交工作は不調に終わった。まさにこの年、新羅は加耶への侵攻を本格化させる。大加耶は倭へ使者を送り軍事支援を要請したようだが、五三二年に金官加耶が新羅へ降《くだ》り滅亡する。これによって、洛東江下流域は完全に新羅の勢力圏となって、大加耶による洛東江ルートの利用は、ほぼ不可能となった。

その後、百済が主導する形で金官加耶の復興をめざした「任那復興会議」が開かれたが、会議に参加した社会それぞれの思惑のずれから、特段の成果をあげることはできなかった。このころには大加耶は百済、新羅の両方から圧力を受けていて、大加耶の内部も親百済派と親新羅派に分裂し、急速に衰退の道をたどっていた（田中一九九二）。

この分裂の状況は考古学的にもよみとれる。例えば、この時期の高霊には古衙洞《コアドン》壁画古墳が造営される。この古墳は石室の形、壁画、夫婦合葬など、百済の墓制の影響が色濃い。葬られた人は、親百済派の王族、または百済から派遣された有力者だったろう。その一方で、大加耶が滅亡する五六二年よりも前に、副葬土器が新羅の土器に一変する古墳群も確認できる（李煕濬二〇〇七）。いちはやく親新羅的な立場をとった地域集団もいたのだろう。

このように、対外的に孤立し、対内的にも分裂状態におちいった大加耶が友好的な関係を維持していくことができた唯一の相手が、倭だった。これまでみてきた大加耶圏に散在する倭系古墳や倭系の文物、あるいは日本列島で出土する大加耶系の文物が、そのことを物語る。急速に悪化した情勢の打開をめざし、倭との交渉にのぞむ大加耶の姿がそこにある。

滅亡直前の大加耶の対外交通路は、南江ルートにほぼ限られていた。この交通路こそは新羅や百済の動向とは関係なく、大加耶が利用できた唯一のものだった。しかし、小加耶の王族の墓（松鶴洞一号墳）には、新羅系や百済系の副葬品も多くおさめられている。その背後に、新羅や百済の小加耶統合の思惑が見え隠れする。おそらく六世紀中ごろのある時点で、南江ルートも封じ込められた可能性は高い。

対外交通路を完全に失い、内陸部に閉じ込められた大加耶は、それ以上の打開策を見いだせずに弱体化し、ついに五六二年に新羅へ投降した。

5　朝鮮半島情勢と倭の動き

これまで、五世紀後半から六世紀前半にかけての、百済、新羅、そして大加耶をとりまく情勢とそれぞれの対倭交渉についてみてきた。それをまとめておきたい。

百済・新羅・大加耶の協調と倭――五世紀後半

まず、五世紀後半には、高句麗の南下に対する共同対処という点において、百済―大加耶―新羅という協調的な関係が形成された。この関係を基盤とし、それぞれの社会がみずからをとりまく情勢の打開をもくろんで倭との交渉を重ねた。

この時期の倭の古墳で、新羅系の副葬品と百済・大加耶系の副葬品が一緒に副葬されることが、しばしば確認されることからみても、三者が関係を深める中で共同して倭と交渉する局面があったようだ。『日本書紀』では一貫して敵対する社会とみなされた新羅だけれども、情勢の好転をはかって倭との関係を模索していた。

加耶の滅亡と倭――六世紀前半

六世紀にはいると、百済による蟾津江流域（己汶・滞沙）への進出、新羅による加耶侵攻の動きの中で、百済、大加耶、新羅の協調的な関係は瓦解し、さらに半島情勢は緊迫する。そのため、五世紀後半とはちがって、三者それぞれが個別に倭と交渉したようだ。百済や大加耶は、高句麗南下への対応とともに、新羅の加耶侵攻を食い止めようと倭王権との友好的な関係を維持した。百済は数度にかけて諸博士を提供しており、五五四年には諸博士をふくめた大規模な知識層、技術者の一団を提供した。大加耶は百済と新羅の圧迫が強まる中でも、複数の交渉ルートを駆使して倭との交渉を重ねたが、そのかいむなしく五六二年に滅亡する。

一方で新羅は、倭が加耶侵攻の障害とならないように、つかずはなれずの関係を保ったようだ。しかし、倭王権による加耶救援が現実化を帯びると、九州の大首長の磐井に接近するなど、当時の倭の情勢をかなり理解した戦略的な外交工作をおこなっている。

以上のように、緊迫度をました半島情勢の中で、それぞれの社会は国際的な孤立を回避する必要性や、他の社会の対外活動の牽制という意図から、倭に対してさかんに文物を贈ったり、工人や知識人を派遣したりしたのである。

倭の動き

それでは、倭の側はどのような形で朝鮮半島と交渉したのだろうか。倭、特に倭王権からみれば、南下を進める高句麗とそれに対峙する百済―大加耶―新羅、という五世紀後半の対立構造は、むしろ不安定なものとうつったにちがいない。それは、百済・大加耶・新羅の三者は、高句麗南下への対処という一点で協調していただけで、いつも友好的だったわけではないからだ。その証拠に、六世紀前半になると情勢はさらに流動化していく。

とりわけ金官加耶の衰退と大加耶の成長、百済の一時的な滅亡、そして新羅による東萊への圧力などは、倭王権の既得権益に影響をおよぼす重大事だった。このような半島情勢に対応しながら、安定的に先進文化を受容するためには、それまでの列島各地の地域社会と野合して半島へおもむくような形では不十分だった。そのため、倭王権は地域社会がもつ多様な交渉チャンネルを掌握し、倭の外交権を一元化しようともくろむようになる。

その倭王権にとって、けっしてあなどることができない地域社会が二つあった。それが瀬戸内の吉備地域と、北部九州地域である。次節から舞台を日本列島へ移して、この二つの地域社会の側から倭王権による外交権掌握の動きをみていく。

まず五世紀後半の吉備をとりあげるが、この問題を考えるきっかけとなった発掘調査の経験を記すことからはじめたい。

6　吉備社会と倭王権の確執

天狗山古墳の発掘調査

一九九八年三月、岡山大学修士課程に在籍していた筆者は、現在の岡山県倉敷《くらしき》市にある天狗《てんぐ》山《やま》古墳の発掘調査に参加していた。

天狗山古墳は、岡山三大河川のひとつの高梁川《たかはしがわ》と、広島県東北部から岡山県西部を流れる小田川《おだがわ》が合流する地点の丘陵の頂に立地する。墳丘は、後円部に比べて前方部が短い帆《ほ》立貝《たてがい》形の前方後円墳で、その長さは六〇メートルほどである。後円部の西側には葬送にかかわる儀礼をおこなう祭壇（造り出し）がもうけられていた。

一九三〇年代にはすでに、後円部の中央に位置する竪穴式石室が開けられ、副葬品が取り出されていた。それについては、幸いなことに記録が残され、その時に出土した副葬品も東京国立博物館に所蔵されている。その年代から、天狗山古墳は五世紀後半にきずかれたことがわかる。

そして、岡山大学考古学研究室によって、一九九八年以降、毎年三月の春休みに発掘調査がおこなわれることとなった。調査の目的は、天狗山古墳がきずかれた背景を探ることによって、五世紀後半における吉備と倭王権の関係を明らかにすることだった。

調査前に現地へおもむくと、古墳の後円部に深さ二・五メートルほどの大穴があいていた。これが一九三〇年代の「調査」の跡と思われた。調査団長の松木武彦《まつぎたけひこ》さんは、この穴にたまった土砂を掃除してどけることで、簡単に石室を再発見できると考えた。むろん、筆者もそのように感じた。

しかし、調査がはじまって少しずつ掘り下げていっても、石室はいっこうに姿をみせなかった。筆者は調査区の設定や墳丘の測量を担当していたので、掘り下げの様子を横目で見ながら、「もしかしたら、全部こわされてしまっているのかな?」などと思っていた。

調査が終盤にさしかかった三月下旬、道具がスコップ（通称デカスコ）にかわり、掘り下げは急ピッチで進められた。そして、調査を撤収する三、四日前だったと思うけれども、ついに石室の開口部が確認された。墳丘の頂上から五メートルという異常な深さだった。開口部は石室側面の壁を突き破っており、一人がはいつくばりながらようやく出入りできる大きさだった。

この時の石室の様子について、松木さんが『未盗掘古墳と天皇陵古墳』（二〇一三年、小学館）に書いている。それを引用してみよう。

「この穴から石室内に頭を突っこみ、懐中電灯の明かりを頼りに左右を見ると、すぐ右側

「再発見」時の天狗山古墳の石室（岡山大学考古学研究室）

が短辺側の壁、すなわち石室の端にあたっている。空間は左手に長く延び、その奥、薄い光の輪の中に、反対側の端の壁がかろうじて浮かび上がっている。四方の壁はレンガほどの大きさの角礫《かくれき》を積んだもので、礫と礫のあいだに粘土を充塡して表面を滑らかにし、さらに赤い顔料を塗ってある。天井、すなわち蓋石の下面も赤く塗られている。だから、一面真っ赤な世界だ」（二一八～二一九頁）

調査当時の筆者は、修士論文のテーマとして前章で紹介した渡来系竪穴式石室を選び、その研究に没頭していた。天狗山古墳の石室についても、残された図面からみて渡来系竪穴式石室ではないか、と予想していた。

石室が再発見された時、われさきにと開口部から石室をのぞき込んだ。開口部からの限られた観察でも、墳丘の深いところに石室があること、四壁が直立して壁石の間に粘土を充塡していること、平面が幅広であることなど、渡来系竪穴式石室の特徴をみてとることができた。約七〇年ぶりに姿を現した石室の荘厳さに畏怖《いふ》するとともに、「やはり、この石室は朝鮮半島系だろう」という高揚感に身が震えた。その時の興奮は今でも忘れることができない。

しかし、石室は崩壊寸前だった。右側の壁は大きく崩れてせり出し、天井石には亀裂が走っていた。間違いなく五メートル分の墳丘の土圧によるものだった。崩壊の恐怖のあまり、石室に完全に入ることはできなかった。とりあえず開口部は土嚢《どのう》でふさがれ、一年後の調査に備えることとなった。

石室の実測調査に参加する

そして翌年一九九九年三月、石室の形状を正確に記録する実測調査がおこなわれることとなった。崩壊寸前の石室に入りこむこと自体が、まさに命がけだった。そのため、松木さんが原則一人で石室に入り調査することとなった。けれども、筆者はそれに参加したくて、たまらなかった。

松木さんは当時を振り返り、石室での調査作業が「純粋に一人ではどうしても手にあまるので、開口部にごく近いところだけ、学年最年長として大学院に在籍していた高田貫太君も作業を分担した」（一二〇頁）と書いてくれている。しかし、松木さんだけでも作業は十分に可能だったはずだ。筆者が参加できたのは、どうしても石室実測に参加したいと、松木さんに直談判したためである。学生の安全に責任を負っていた松木さんの心情を考慮せずに、身勝手にふるまった自分に、今となっては恥じ入るのみである。

それでも、この実測作業は楽しかった。三月一二日からの一週間ほど、石室の奥に松木さんが陣取り、それに続いて筆者が開口部近くに入って実測をおこなった。黙々と壁石ひとつひとつを計測して図面をとる作業を通して、石室の構造を目に焼きつけることができた。

筆者にとって、天狗山古墳の石室の再発見に立ち会い、その調査に参加できたことは、みずからの研究の方向性を定めるうえでの決定的な経験だった。その調査成果をまとめた報告書は、二〇一五年に刊行された（岡山大学考古学研究室ほか二〇一五）。

吉備西部の小田川下流域では、天狗山古墳は最大の規模を誇る。五世紀後半の地域首長が葬られたことは間違いない。これからみていくけれども、竪穴式石室のほかにも朝鮮半島系の要素が色濃く認められるとともに、倭王権とのつながりもうかがえる。

したがって、小田川下流域を根拠地として天狗山古墳をきずいた集団（天狗山集団）を通して、対朝鮮半島交渉をとりまく吉備と倭王権の関係を明らかにしていきたい。

は、大加耶系の可能性が高い。

そしてもうひとつ、注目できるものとして、儀礼の場である墳丘西側の祭壇から出土した土器がある。これらの土器は葬送儀礼の時に供献《きょうけん》されたものだが、その中に朝鮮半島西南部、栄山江流域から持ちこまれたものがふくまれていた。

天狗山古墳出土の栄山江流域系土器（岡山大学考古学研究室）

天狗山古墳の朝鮮半島系要素

まずは、天狗山古墳にみられる朝鮮半島系の要素を整理してみよう。埋葬施設は典型的な渡来系竪穴式石室である。木棺の組み立てに鎹《かすがい》を用いていることもそれを裏づける。副葬品をみると、胡簶《ころく》（矢を収納し携帯するための道具）や鉄鉾《てつほこ》などの武器、鹿角でつくられた柄をそなえた刀子《とうす》、鍬や鋤に取りつけるU字形の鉄製刃先、そして馬具などを、朝鮮半島系として評価できる。胡簶は新羅圏から主に出土するものと同形で、馬具の轡《くつわ》と杏葉《ぎょうよう》のセット（f字形《じがた》鏡板《かがみいた》付《つき》轡と剣菱形《けんびしがた》杏葉）

洛東江下流域、栄山江流域、そして倭王権とのつながり

このような天狗山古墳にみられる朝鮮半島系の要素から、天狗山集団がつながりをもっていた朝鮮半島の地域が浮かびあがる。まず、副葬品の種類と渡来系竪穴式石室からみれば、洛東江下流域、特に東萊地域と関係が深い。そして、祭壇に供献された土器は、栄山江流域とのつながりをしめしている。

一方で、天狗山の副葬品には、魚のうろこのように鉄板をつづった甲《よろい》（小札甲《こざねよろい》）や鏡などが副葬されている。これは倭王権とのつながりをうかがわせる。また、大加耶系の馬具セットは、この時期の日本列島各地に分布することから、その入手は倭王権とのつながりの中で可能だったとする見方もある。

このように天狗山古墳をきずいた集団は、朝鮮半島（洛東江下流域、栄山江流域）や倭王権と密接なつながりをもっていた。はたして、天狗山古墳の造営にはどのような歴史的背景があるのだろうか。

小田川下流域の地勢

天狗山古墳は高梁川の下流と小田川との合流点を南から見下ろしている。その墳頂からは、小田川が形成した沖積《ちゅうせき》平野の広がりもみることができる。天狗山集団はこの平野部を

高梁川（中央の丘陵頂、破線で囲われた部分に天狗山古墳が位置する）

経済的な基盤としていたのだろう。これを、天狗山古墳がきずかれたひとつめの背景と評価できる。

　また、二つの河川の合流点を見下ろす立地や、高梁川をくだるとほどなく瀬戸内海へ出ることができることから、古墳と当時の交通路との関係を指摘できる。当時の吉備では、南には瀬戸内海沿岸をつたう航路、北には東西に横断するようにして播磨から出雲にいたる陸路という二つの幹線路が走っていた。これをむすぶように、吉井《よしい》川《がわ》、旭《あさひ》川《がわ》、足守《あしもり》川《がわ》、高梁川などの河川交通路が南北に走っていた（新納二〇〇二）。そして、足守川や高梁川の下流に存在した港を経て、朝鮮半島からの渡来人が吉備の各地へ渡来・定着する場合が多かった（亀田一九九七）。

　天狗山古墳はまさに瀬戸内航路と高梁川ルー

トの結節点に位置している。天狗山古墳と高梁川を挟んで対岸には、朝鮮半島系の土器が多く出土する港関連の遺跡（菅生《すどう》小学校裏山遺跡）が立地する。そして、高梁川や小田川をさかのぼれば吉備の各地へたどりつくことができる。

このように、小田川下流域は、朝鮮半島からのさまざまなモノ、人、情報が行き交った交通路の要衝の地である。天狗山集団がこの河川、海上交通を管掌していたことが、天狗山古墳を造営できた二つめの背景だろう。

ネットワークへの参加

第二章第6節で、瀬戸内に分布する渡来系竪穴式石室や木槨を採用した古墳を根拠として、先進の技術、情報、祭祀方式などをやりとりするネットワークが展開していたことを明らかにした。五世紀後半は、このネットワークが最も機能していたころで、天狗山集団もこれを積極的に活用していた。

渡来系竪穴式石室に葬られた人びとの姿は、大きく二つにわけることができる。まず、河川、陸上、そして海上交通を実際に担い、先進文化の導入に積極的だった吉備各地の地域集団の首長たちである。天狗山古墳に葬られた人がその代表例だ。もうひとつは、須恵器や鉄器などの生産活動に従事する集団の長たちだ。このような人びとが、瀬戸内のネットワークに参加していた主体であり、朝鮮半島との交渉を直接おこない、先進の生産活動を担っていた。

五世紀の吉備の中心には、造山《つくりやま》古墳、作山《つくりやま》古墳、そして両宮山《りょうぐうざん》古墳という超大型の前方後円墳がきずかれた。そこに葬られた吉備の大首長は、このネットワークを支援、管理、掌握していくことで、さまざまな先進文化を受容した。天狗山集団も吉備中枢の対外交渉を担った可能性は高いだろう。このような状況が、天狗山古墳造営の三つめの背景だ。

卓越した天狗山古墳

ここまで天狗山古墳がきずかれた背景について、小田川の形成した沖積平野という基盤、河川や海上の交通の掌握、そして瀬戸内に展開するネットワークへの参加という三つを挙げてきた。

けれども、この三つだけでは、天狗山古墳が突如としてこの地域では突出した、高大な墳丘をもつ古墳として出現した背景を説明しきれない。天狗山古墳の立地する丘陵には、北に小方墳群、東西には円墳群が広がる。それらがきずかれた正確な時期はわからないが、小方墳群は天狗山古墳よりも時期がさかのぼる可能性が高い。とすれば、これらの小方墳群こそが天狗山集団の本来の墓地であって、これまで述べてきた三つの背景は、この小方墳群の形成にも当てはまることになる。したがって、小方墳群から天狗山古墳が卓越した存在になった背景を、別に考える必要があるのだ。

そこで注目できるのが、副葬品にみられる倭王権とのつながりだ。前節までにみてきたように、五世紀後半になると朝鮮半島の情勢は緊迫度を増す。それに対応するために、倭王権は地域社会の交渉権の掌握をもくろむ。そしてまず狙いを定めたのが、瀬戸内のネットワークの中核を握っていた吉備だったのではないか。実は『日本書紀』に、この倭王権の動きを如実にしめす事件が記録されている。それが「吉備の反乱」伝承である。

「吉備の反乱」とは

『日本書紀』には、吉備一族が雄略大王《ゆうりゃくだいおう》に「反乱」した伝承として三種類が記載されている。これを「吉備の反乱」伝承という。この事件については、長年にわたって詳しく検討されている。その成果から事件のあらましをまとめてみよう（吉田一九九五）。

①『日本書紀』雄略七年（四六三）八月条：倭王権に「官者《とねり》」として奉仕していた「吉備《きびの》弓削部虚空《ゆげのべのおおぞら》」は、吉備の大首長の「吉備下道臣前津屋《きびのしもつみちのおみさきつや》」が雄略を呪詛《じゅそ》していた場面を目撃する。その内容を雄略へ報告すると、雄略は兵を遣わし、前津屋とその一族七〇人を誅《ちゅう》

殺《さつ》した。
②『日本書紀』雄略七年（四六三）是歳《ことし》条：吉備の大首長の「吉備上 道 臣田狭《きびのかみつみちのおみのたさ》」が、畿内の有力貴族だった葛城《かつらぎ》氏と婚姻関係をむすび、その「毛媛《けひめ》（吉備稚媛《きびのわかひめ》）」を妻とする。しかし、葛城氏の打倒をもくろんでいた雄略大王は、この婚姻関係を是とせず、田狭を誅殺してその妻を奪う。この一連の動きの中で、吉備の中小首長で雄略の指示を受けて活動する「吉備海部直赤尾《きびのあまのあたいあかお》」が記録されている。
③『日本書紀』清寧即位前紀：雄略大王の死後、雄略と「吉備稚媛」の間に産まれた「星川皇子《ほしかわのみこ》」が、母の勧めに応じて大蔵を占領し大王の地位を狙う。「吉備上道臣」も水軍を率いて、星川皇子を支援しようとする。しかし、雄略の側近だった「大伴 室屋大連《おおとものむろやのおおむらじ》」や「東 漢 掬 直《やまとのあやのつかのあたい》」は、その動きを察知して星川皇子と稚媛を殺し、乱を未然に防ぐ。そして、吉備上道臣の責任を追及する。

以上の伝承をそのまま信用することはできないとしても、三度にもわたる「反乱」が『日本書紀』に記録された地域社会は、吉備をおいてほかにはない。そして、考古学的にみても、吉備では、造山―作山―両宮山と続いた大規模な前方後円墳の造営が、突如として停止され、六世紀中ごろまでに目立った前方後円墳はきずかれなくなる。すなわち、倭王権は吉備の中心勢力に多大な打撃を加え、それを押さえこんだ可能性が高い。

倭王権と天狗山集団

その一方で、吉備の中でも瀬戸内海に面している場所や、陸上・河川交通の要衝地などでは、新たに中小規模の前方後円墳がきずかれたり、もしくは首長の墓の造営がそのまま続いている場合が多い。天狗山古墳がそのひとつの典型例だ。このような古墳の特徴には次の三つがある。

①渡来系竪穴式石室を埋葬施設としたり、朝鮮半島系の文物を副葬したりする場合が多い。
②倭王権とのかかわりをしめす副葬品もおさめられる場合が多い。
③瀬戸内海へ容易に出ることができる地勢である。

このような古墳に葬られた人は、「吉備の反乱」伝承に登場する「吉備弓削部虚空」や「吉備海部直赤尾」のように、吉備の大首長に対してではなくて、倭王権に忠実な中小首長層ではないだろうか。

例えば、亀田修一氏は牛窓《うしまど》湾沿岸を取りあげて、古墳の規模からみて「吉備の反乱」の後も、「前代の力をある程度維持している」状況に注目する。そして、その地に根拠を置く地域集団は、もともと牛窓湾を介した海上交通を握っており、「吉備が力を押さえ込まれた五世紀後半以降においても、おそらく吉備を押さえ込んだ大和政権にその海の力を認められたもの」と考えた。さらに、「吉備海部直」氏一族が牛窓湾沿岸を根拠地とした可能性を指摘している（亀田二〇〇一　一三〇～一三一頁）。

この亀田氏の見解にみちびかれながら、①～③のような特徴を総合化すれば、天狗山集団にも「吉備海部直」氏のような性格をみいだすことができる。すなわち、河川、海上交通の経験を背景として、外交権の掌握をめざす倭王権と直接の関係をむすんだ地域集団としての姿である。

天狗山古墳造営の背景

倭王権が吉備社会の朝鮮半島とのつながりをみずからのものにしようとした時、河川、海上交通に長けた吉備各地の地域集団を徴発し、それを再編成することが具体的な方策だった。そのために吉備中心勢力を押さえこんだのだろう。「吉備の反乱」には、このような倭王権のもくろみがあった。

この倭王権の動きに呼応して、みずからその傘下に入った天狗山集団には、海上交通をめぐる既得権の安堵《あんど》、安定した先進文化の受容・定着の機会が、ある程度は保障されたのだろう。このように、倭王権と天狗山集団が直接的な関係をむすんだことが、天狗山古墳が小田川下流域において卓越した存在として出現した最大の要因だった。天狗山集団は、倭王権が吉備中心勢力の押さえこみをはかる中で、対外活動におけるみずからの主体性を維持するために、あえて倭王権に接近していったのだ。

その後の天狗山集団

六世紀前半になると、天狗山集団は二万大塚《にまおおつか》古墳（墳丘長三八メートルの前方後円墳）をきずく。埋葬施設に畿内型の横穴式石室を採用し、副葬品も畿内的な要素が色濃い。その一方で、朝鮮半島系の副葬品も少なからずふくまれている。倭王権との密接な関係の中で河川、海上交通にたずさわっていたのだろう。

以上のように、倭王権は五世紀後半に吉備社会がもっていた朝鮮半島との多様なつながりや、瀬戸内のネットワークを、ひとまず手中におさめることに成功した。

7　倭王権による外交権の掌握——「磐井の乱」をめぐって

舞台を北部九州へ

吉備よりもさらに朝鮮半島との多様なつながりがあった地域社会が、北部九州だ。倭王権と北部九州は、六世紀前半になると、朝鮮半島との関係をめぐって厳しく対立し、最後には倭王権がその交渉権を握る。その状況を知る手がかりは、新羅とのつながりをしめすさまざまな考古資料と、『日本書紀』に記載された「磐井の乱」に関する一連の記事である。

新羅と北部九州

第2節で福岡県櫨山《はぜやま》古墳をとりあげて、その被葬者が北部九州と新羅の直接交渉にたずさわっていた可能性を述べた。櫨山古墳が位置する遠賀《おんが》川《がわ》流域では、新羅とのつながりをしめす資料が多く確認できる。櫨山古墳のほど近くにきずかれた小《お》正西《ばさにし》古墳一号石室では、今のところ日本列島で唯一のタイプの新羅系鐙《あぶみ》が出土している。また、その東方、田《た》川《がわ》盆地に位置するセスドノ古墳では、大邱《テグ》地域——新羅の有力な地域社会のひとつ——に系譜を追える竪穴系横口式石室を埋葬施設としている。その中からは新羅でも有力な古墳に限って副葬される馬具の飾りや陶質土器が出土した。

それとともに重要なのは、新羅に限らず大加耶や百済などとのつながりをしめす副葬品もあわせて出土していることである。そして、いずれの古墳も遠賀川水系をくだって玄界灘へ出ることができる。田川盆地は陸路で豊前北部の周防《すおうなだ》灘沿岸の各地へ抜けられる交通の要衝でもある。

また、玄界灘沿岸の宗像《むなかた》地域でも、新羅圏に系譜を求められる竪穴系横口式石室を埋葬施設とした福岡県勝浦《かつうらい》井ノ浦《うら》古墳がきずかれている。その副葬品には百済や大加耶に系譜を求められる馬具がふくまれていた。この古墳は、現在の福津《ふくつ》市の在自《あらじ》～勝浦にかけて形成された潟湖《せきこ》の最も奥まったところに位置する。この潟湖は港として用いられていたようだ。

以上のような古墳をきずいた集団は、北部九州の有力首長のもと、玄界灘を介して朝鮮半島のさまざまな社会（特に新羅）と活発な交渉をくりひろげていた。北部九州の主体的な交渉活動は、大首長の磐井の墓とされる福岡県岩戸山古墳がきずかれたころまでつづいたようだ。

このような北部九州の動きが、外交権の掌握をもくろむ倭王権にとってしだいに重荷となったにちがいない。そして、両者は滅亡の危機に瀕した加耶への救援をめぐって決定的に対立し、抗争が勃発する。それが後に「磐井の乱」とよばれた。この事件を通して倭王権による外交権の掌握について考えてみよう。

「磐井の乱」の評価

「磐井の乱」は、五二七年（五三一年とする説もある）に勃発した倭王権（継体大王《けいたいおおきみ》）と北部九州（筑紫君磐井《つくしのきみ》）との抗争である。『日本書紀』は「磐井の乱」について多くの紙幅をついやし、その経過を記載している。また『古事記』や『筑後国風土記《ちくごのくにふどき》』逸文にも記録があって、それらが編纂された八世紀になっても、人びとに重大な事件として認識されていたようだ。

「磐井の乱」について戦後すぐには、次のように考えられていた。

北部九州は任那支配のための前線の兵站基地として、大和朝廷から多大な負担を強いられていた。その負担に耐えかねた各地の首長や民衆は、北部九州の大首長で大和朝廷の地方行政官（国造《くにのみやつこ》）でもあった磐井へと結集して大和朝廷に反旗をひるがえした。

まさに、大和朝廷に対する地方行政官の「反乱」という歴史像だ。しかし、序章でもふれたように、一九七〇年代以降に「任那支配」論の架空性が論証される中で、「磐井の

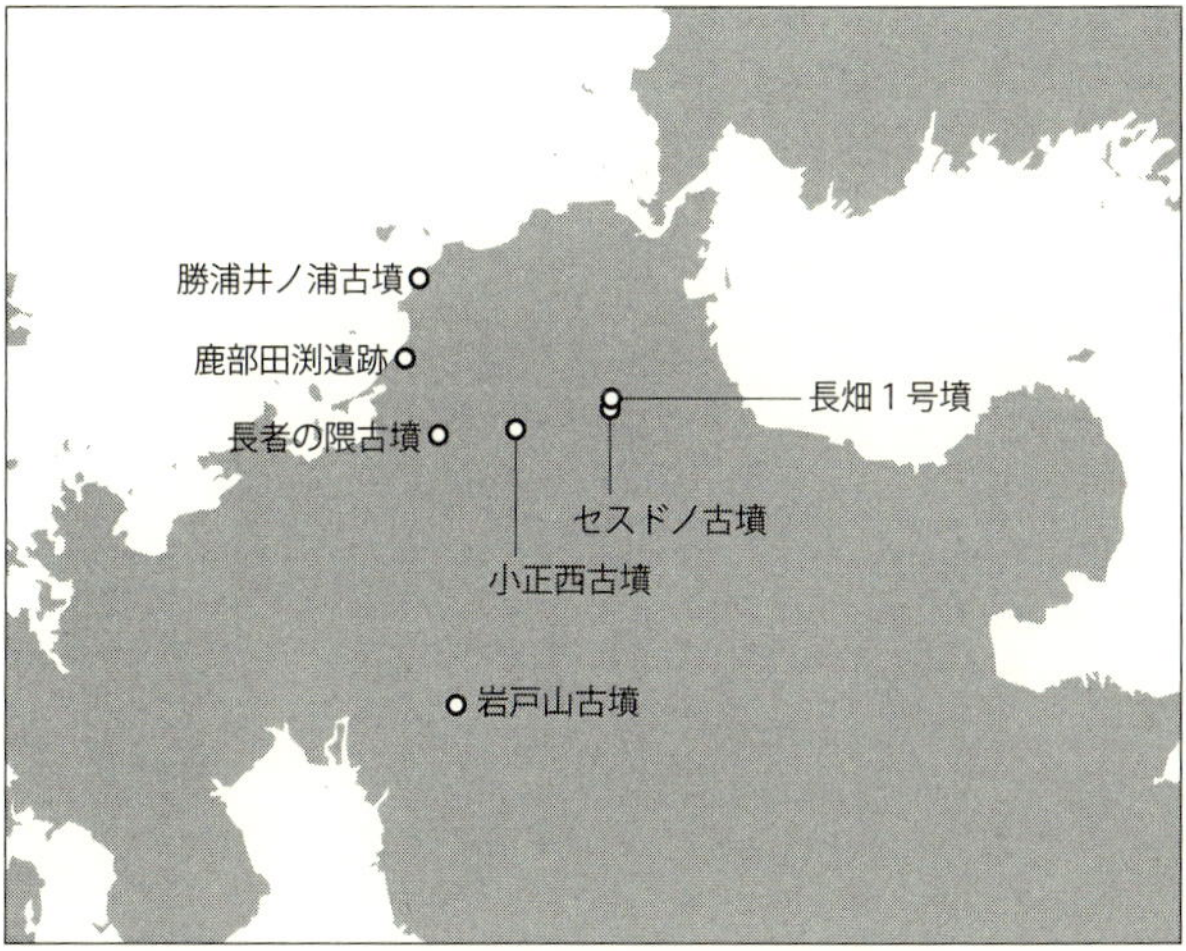

新羅とのつながりや「磐井の乱」との関連をしめす古墳

乱」の評価も大きく変わった。現在では、おおむね次のようにまとめることができる。

北部九州の大首長だった磐井は、独自に朝鮮半島との交渉をおこないながら、倭王権の外交政策も支えていた。しかし新羅の加耶侵攻を契機として、倭王権は北部九州の対外交渉権を掌握しようとする。そこで磐井は新羅と手をむすぶ一方で、倭王権を見限って抗争に至った。

これを単に地方行政官の「反乱」とみることはできない。むしろ、対外交渉権をめぐる倭王権と北部九州の「戦争」という評価がしっくりくる（山尾一九九九、吉田二〇〇五など）。

それでは、この「戦争」を起こした磐井

とはどのような人物だったのか。それを知る手がかりは、磐井がみずからの墓として生前にきずいた岩戸山古墳にある。

「磐井」の墓――岩戸山古墳

『筑後国風土記』逸文には磐井の墓についての記録がある。位置と規模、墳丘東北隅の区画(別区)、そこに配置された石人や石馬をはじめとする石製表飾などが、実際に見たかのように記録されている。また、それは磐井の生前にきずかれたと記す。

長年の研究によって、この記録と最も一致する古墳、すなわち磐井の墓と考えられる古墳は、福岡県八女《やめ》市の岩戸山古墳である。墳丘長約一三八メートルの前方後円墳で、六世紀前半にきずかれたものとしては、当時の大王、継体の墓とされる大阪府今城塚《いましろづか》古墳などに次いで、列島第四位の規模を誇る。

磐井が、岩戸山古墳の位置する八女地域に本拠地を置いた地域首長であったことはむろんのことだが、大王墓に準じる古墳の規模や膨大な数の石製表飾の出土などからみれば、九州各地の有力首長間の連繋をリードした大首長だったと評価できる。その成長の背景には、倭王権との密接な関係や主体的な対外活動があった(柳沢二〇一四)。その磐井が倭王権を見限ったのだ。

「磐井の乱」の経過

それでは、「磐井の乱」の経過を整理してみよう（田中一九九二、山尾一九九九、吉田二〇〇五など）。五二〇年代にはいると、倭にとって重要な交渉相手だった加耶に対して新羅が侵攻を本格化させる。吉備の中心勢力に打撃を加え、瀬戸内のネットワークを手中におさめた倭王権だったが、この新羅の動きによって、安定的な先進文化の確保のために外交権の掌握を急ぐ必要があった。このような情勢の中で、「磐井の乱」は次のような経過で勃発した。

①五二四年に新羅は加耶への侵攻を本格化させる。まず、「南加羅《ありひしのから》・喙己呑《とくことん》」（金海や昌原など金官加耶圏）に対して侵攻する。この時におそらく加耶が倭王権への軍事的な支援を要請した。

②倭王権は要請を受けいれ、「近江毛野臣《おうみのけぬのおみ》」を将軍として、対新羅戦のための派兵を計画する。

③この時に倭王権は九州の大首長だった磐井に次の二点を要求したようである（山尾一九九九）。

・磐井が管理する玄界灘沿岸の港を倭王権の直属とすること。
・中北部九州に対して軍事動員をかけること。
④磐井は、その求めに応じるか、それとも反発するか迷いを重ねていくが、新羅が磐井に対して密かに「貨賂《まいない》」を送り、倭王権による加耶派兵の阻止を要請した。
⑤磐井は新羅の要請を受け入れ、倭王権の要求は拒否した。そして倭（倭王権）と朝鮮半島をつなぐ海路を遮断し、近江毛野臣軍の渡海阻止のために挙兵する。
⑥翌年、「磐井の乱」は中央から派遣された「物部麁鹿火《もののべのあらかび》」によって鎮圧される。
⑦磐井の子の「筑紫君葛子《つくしのきみのくずこ》」は、父の罪によって殺されることを恐れ、「糟屋屯倉《かすやのみやけ》」を献上することで贖罪《しょくざい》を願った。

「磐井の乱」はこのような経過をたどった。この経過と六世紀前半の日朝関係は、うまく符合する。まず、①と②にみられる倭王権と加耶、特に大加耶との密接な関係は第4節でみてきたので、くりかえす必要はないだろう。次に④にみられる新羅と磐井のやりとりも、これまでみてきた北部九州と新羅のつながりを反映している。同じく⑤に倭王権と朝鮮半島をつなぐ海路を遮断した、とあることも、北部九州の主体的な対外活動を裏づけている。

磐井を動かしたもの

そして何よりも重要なのは、乱の勃発と帰結それぞれに、倭王権による玄界灘の港を掌握する動きがみられることだ。「磐井の乱」の勃発の引き金となったのはおそらく、玄界灘の港を引き渡せという倭王権の要求（③）である。

朝鮮半島とのつながりが成長の背景にあった磐井にとって、玄界灘の港を倭王権に接収されることは、みずからの地位や権益が大きく損なわれることだったろう。倭王権の有無を言わさぬ要求に応じるかそれとも反発するか迷いを重ねていた磐井に、新羅が派兵阻止を要請してきたのである（④）。この時、磐井の中では、百済―加耶―倭王権に対峙する新羅―九州という展望が開けたのだろう（山尾一九九九）。そして倭王権を見限り、戦争へと踏み切った。磐井自身にはそれなりの勝算があったのかもしれない。

一元化される交渉権と屯倉の設置

けれども結局、「磐井の乱」は鎮圧された。磐井の子の「葛子」は「糟屋屯倉」を献上したことで許されたとされる（⑦）。

屯倉の性格を一言でいえば、倭王権が日本列島各地に置いた政治経済的な拠点である。

北部九州の大加耶系耳飾。日拝塚古墳出土品（右）と立山山８号墳出土品（左）（春日市教育委員会・八女市教育委員会）

その機能のひとつに、朝鮮半島からの物資流通の管理があった。実際にこの「糟屋屯倉」の候補と考えられているのが、福岡県古賀《こが》市鹿《しし》部《ぶ》田《た》渕《ぶち》遺跡で、塀に囲まれた特殊な建物群が確認されている。この遺跡からは玄界灘へ容易に出ることができる。その後、北部九州では五三六年にも「那津《なのつの》屯倉」が置かれた。ちなみに、吉備でも五五五年と五五六年に「白猪《しらいの》屯倉」と「児島《こじまの》屯倉」がそれぞれ設置されている。

　このような港の直轄と屯倉の設置にこそ、倭王権が得たものが明確にしめされている。すなわち、倭王権は「磐井の乱」によって、それまで北部九州がもっていた朝鮮半島との交渉権をみずからの手中におさめたのだ。

　このことをしめすかのように、六世紀前半から中ごろには、倭王権の主要な交渉相手の百済や大加耶からもたらされた耳飾が、九州各地に広く分布するようになる。特に、北部九州にそれまでみられなかった、大加耶系の耳飾が分布するようになることが重要だ。おそらく、「磐井の乱」の後、北部九州の首長層が倭王権の外交政策に沿うような形で、交渉活動をおこなった結果だろう。

古代国家「日本」が成立する引き金

以上、吉備と北部九州を取りあげて、倭王権が地域社会の対外交渉権を掌握する過程についてみてきた。五世紀後半から六世紀前半の緊迫度を増す朝鮮半島情勢のため、それまでの倭王権と地域社会が野合するような形では、朝鮮半島との交渉は十分におこなえなくなりつつあった。このことで、王権に参加する地域社会に対する倭王権の求心力が、ともすれば一挙に低下する危険が生じた。だからこそ、倭王権は対外交渉権の一元化をめざした。それに反発したのが、吉備の中心勢力であり、北部九州の磐井だった。

ただ、それまで地域社会の対外交渉を実際に担っていた集団は、ひとたび倭王権の傘下にはいれば、より安定的に先進文化を受容する機会を得ることができた。そのため倭王権に積極的に協調する地域集団も少なくなかったようだ。その典型例が吉備の天狗山集団だ。

しかし地域の独自的な交渉は大きく規制され、倭王権の意図に沿う形での交渉活動がもとめられた。そして、しだいに朝鮮半島からの先進文化の受容を、倭王権へ依存せざるを得なくなり、それが連鎖のようになって倭王権による外交権の掌握が促進されたと考えられる。
遅くとも六世紀中ごろまでには、日本列島各地の地域社会は、それまでつちかってきた朝鮮半島へとつづくルートや多様なコネクションを、積極的であれ消極的であれ、倭王権へ譲りわたした。このことが、一元化した外交権を行使する古代国家としての「日本」を誕生させる引き金となったのだ。

引用・参考文献

（日本語）

諫早直人二〇一二「九州出土の馬具と朝鮮半島」『沖ノ島祭祀と九州諸勢力の対外交渉』第一五回九州前方後円墳研究会　北九州大会実行委員会

李成市二〇〇二「新羅の国家形成と加耶」『倭国と東アジア』日本の時代史二 吉川弘文館

井上直樹二〇〇〇「高句麗の対北魏外交と朝鮮半島情勢」『朝鮮史研究会論文集』三八
岡山大学考古学研究室・天狗山古墳発掘調査団二〇一五『天狗山古墳』
亀田修一一九九七「考古学から見た吉備の渡来人」『朝鮮社会の史的展開と東アジア』山川出版社
亀田修一二〇〇一「古墳の時代——古代国家への道——」『牛窓町史　通史編』牛窓町
川述昭人・伊崎俊秋ほか二〇〇〇「長畑遺跡」『長畑遺跡　宮原遺跡　小倉古墳　才立横穴墓』香春町教育委員会
菊水町史編纂委員会編二〇〇七『菊水町史　江田船山古墳編』和水町
嶋田光一一九九一「福岡県櫨山古墳の再検討」『古文化論叢』児島隆人先生喜寿記念論集

白井克也二〇〇〇「日本出土の朝鮮産土器・陶器――新石器時代から統一新羅時代まで――」『日本出土の舶載陶磁――朝鮮・渤海・ベトナム・タイ・イスラム――』東京国立博物館
鈴木一有二〇一三「清州新鳳洞古墳群の鉄器にみる被葬者集団」『新鳳洞古墳群を新たにみる』忠北大学校博物館学術叢書一二二
田中俊明一九九二『大加耶連盟の興亡と「任那」』吉川弘文館
田中俊明二〇〇二「韓国の前方後円形古墳の被葬者・造墓集団に対する私見」朝鮮学会編『前方後円墳と古代日朝関係』同成社
新納　泉二〇〇二「古墳時代の社会統合」『倭国と東アジア』日本の時代史二　吉川弘文館
橋本達也二〇一五「甲冑からみた蓮山洞古墳群と倭王権の交渉」『友情の考古学』ジニンジン
松木武彦二〇一三『未盗掘古墳と天皇陵古墳』小学館
桃﨑祐輔二〇〇九「長者の隈古墳馬具の検討」『長者の隈古墳　若杉今里窯跡』福岡大学人文学部考古学研究室
安村俊史一九九六「被葬者をめぐって」『高井田山古墳』柏原市教育委員会
柳沢一男二〇一四『筑紫君磐井と「磐井の乱」』新泉社
山尾幸久一九九九『筑紫君磐井の戦争――東アジアのなかの古代国家――』新日本出版社
吉田　晶一九九五『吉備古代史の展開』塙書房
吉田　晶二〇〇五『古代日本の国家形成』新日本出版社
（韓国語）
朴天秀二〇〇七『新たに叙述する古代韓日交渉史』社会評論
成正鏞二〇一三「新鳳洞百済古墳群造営集団の性格」『新鳳洞古墳群を新たにみる』忠北大学校博物館学術叢書一二二
李熙濬二〇〇七『新羅考古学研究』社会評論
趙榮濟二〇〇四「小加耶（連盟体）と倭系文物」『韓・日交流の考古学』嶺南考古学会・九州考古学会
河承哲二〇〇六「巨済長木古墳についての一考察」『巨済長木古墳』慶南発展研究院歴史文化センター

河承哲二〇一一「外来系文物を通してみた固城小加耶の対外交流」『加耶の浦口と海上活動』第一七回加耶史学術会議　金海市学術委員会

第四章　朝鮮半島の前方後円墳が語ること

——栄山江流域と倭

1　栄山江流域の前方後円墳とは

前方後円墳の見学

二〇一五年五月二〇日の早朝、少し寝坊した筆者はソウルの龍山《ヨンサン》駅で全羅南道《チョルラナムド》の木浦《モッポ》駅へ向かうＫＴＸ（韓国高速鉄道）五〇七号に飛び乗った。降りる駅は光州松汀《クァンジュソンジョン》駅。四月にＫＴＸ専用の線路が木浦まで開通し、龍山から光州までの所要時間は一時間近くも短縮され、わずか二時間足らずの旅程だった。

駅を降りて、出迎えてくれた大韓文化財研究院の朴泰洪《パクテホン》さんの車に乗りこんだ。目的地は、当研究院が発掘調査している高敞七岩里《コチャンチラムリ》古墳である。七岩里古墳は栄山江《ヨンサンガン》流域に分布する前方後円墳のひとつだ。

古墳に到着すると、李暎澈《イヨンチヨル》院長と、調査を担当している金武重《キムムジュン》さん、林智娜《イムジナ》さんが満面の笑みで出迎えてくれた。李院長とは、筆者が韓国へ留学しているころから親しくさせてもらっていた。それが縁となり、二〇一四年度から三年間の計画で共同研究をスタートさせていた。金武重さんも留学時から色々とお世話になっている日本通の研究者で、林智娜さんは古墳の墳丘構造を専門とし、共同研究のメンバーになってもらっていた。

五月の初旬に李院長から、調査をおこなうのでぜひ見学に来てください、とお誘いいただいた。それで共同研究の打ち合わせをかねて、二泊三日の弾丸ツアーを計画したのである。

李院長を先頭に調査中の埋葬施設へと歩いていった。この時、筆者は埋葬施設の構造をある程度予想していた。七岩里古墳には何回か訪れたことがあり、後円部の墳頂に長さ一メートルほどの巨石がいくつか露出していることを知っていた。また、これまで確認された栄山江流域の前方後円墳の多くは、九州に系譜を求めることができる横穴式石室を埋葬施設としていた。そのため、七岩里古墳も九州系の横穴式石室じゃないかなぁ、石材が露出している状況からみれば、けっこうよく残っているんだろうなぁ、と思っていた。すこし、たかをくくっていたのである。しかし、この予想は大きくはずれる。

埋葬施設に到着し、李院長がふりかえって一言、

「高田セン、イゴ、オトッンゴ　カッテヨ？（高田先生、これなんだと思います？）」

筆者には正直返す言葉がなかった。調査によってあらわれたのは、徹底的に破壊された埋葬施設の「残骸」だった。三つの巨石が「コ」の字状に配置されており、それがほぼ本来の位置にある（破壊の際に動かされていない）ようだったが、そのほかに埋葬施設の石材とおぼしきものは確認されていなかった。

七岩里古墳の埋葬施設

　はたして、これはどのような埋葬施設なのか。「コ」の字状に配置された石材を、横穴式石室の一番下の石と把握したらどうだろうか、いや、それだと墳丘の高さが今よりも二メートル以上高くなってしまう、あまりにも後円部が高くなってしまわないか、そもそも横穴式石室なのか、壁石の裏側を補強する石材がぜんぜん確認されないのはおかしい、それよりも石棺のような施設を考えたほうがいいのではないか、けれども、そのような例を知らないな……などなど、調査現場を見学しながら考えをめぐらせた。それを李院長に伝えたが、結局、自分の考えをまとめることはできなかった。

　このように、古墳を踏査した時にいだく印象と実際の発掘で確認される状況に、大きなズレが生じる場合は——少なくとも私には——多々ある。それはみずからの知識や経験の不足を実感することだが、そのズレについて考えていくことは、考古学のおもしろさのひとつでもある。七岩里古墳を見学した時の筆者は、荘厳な埋葬施設や華麗な副葬品を見学した時とはまた違う、驚きと謎につつまれていた。

古墳を見学した日の夜のこと、共同研究の打ち合わせを終え、李院長らと夕食をともにした。七岩里古墳の埋葬施設をどうみるかにはじまり、栄山江流域、百済、倭の交流をどう考えるか、共同研究をどう盛り上げていくか、日韓の学界でのトピックは何か、などなど、話題がつきることはなかった。

お酒を酌みかわす中で、李院長が私にかけてくれた言葉を今でも忘れられない。

「高田センニムン　チェガ　カジャンピョナゲ　イヤギハルスイッヌン　サラミイェヨ（高田さんは、私が最も気を楽にして話すことができる人です）」

李院長にとっては、お世辞というかあいさつ程度の言葉だったろう。けれども、日韓の学術交流にたずさわってきた人間のはしくれとして、李院長の言葉はとてもあたたかく、そしてうれしかった。

近年、七岩里古墳のような栄山江流域に分布する前方後円墳の発掘調査がさかんにおこなわれ、その豊かな内容が明らかとなっている。本章では、それがきずかれた背景をさぐるなかで、栄山江流域社会と倭の関係を素描してみたい。

咸平新徳１号墳（国立光州博物館）

前方後円墳の確認とさかんな研究

日本列島の独特な墓と考えられてきた前方後円墳が、朝鮮半島にも存在することをはじめて主張したのは、姜仁求《カンイング》氏である。姜氏はその候補となる古墳の測量図を作成して、それらが前方後円墳だと主張した（姜仁求一九八七）。そして一九九〇年代に、霊岩《ヨンガン》チャラボン古墳、光州月桂洞《ウォルゲドン》一・二号墳、同明花洞《ミョンファドン》古墳、咸平新徳《ハムピョンシントク》一号墳などが発掘調査され、それが前方後円墳であることが明らかとなった。その衝撃は日本考古学界にも広まった。

一九九〇年代後半以降、前方後円墳に葬られた人の姿について論争が集中し、現在にいたっている。その成果は、日本側は朝鮮学会編『前方後円墳と古代日朝関係』（二〇〇二年、同成社）、韓国側は大韓文化遺産研究センター（現大韓文化財研究院）編『韓半島の前方後円墳』（二〇一一年、学研文化社）にまとまっている。

現在では、前方後円墳はほぼ確実なものとして一三基確認されていて、その広がりは朝鮮半島の西南部、栄山江流域にまとまっている。またきずかれた時期は、おおむね五世紀後半から六世紀前半であることも明らかとなっている。

さまざまな被葬者論

前方後円墳の被葬者論についての内容は、論者ごとにさまざまで、そのすべてを紹介することはとてもできない。ここでは、「在地首長説」、「倭系百済官僚説」、そして「倭人説」にまとめて、代表的な論者の見解をごく簡単に紹介する。

在地首長説は最も多くの研究者によって唱えられている。特に二〇〇二年に田中俊明《たなかとしあき》氏によってしめされた説が、後の研究に大きな影響をあたえた。田中氏は、四七五年の漢城《ハンソン》陥落と熊津《ウンジン》への遷都の後で、百済が栄山江流域に対する統合の動きを強めるようになったとみる。その百済の動きに対して栄山江流域の首長層は、百済との一定の関係を結びながらも、倭とも交流を重ねることで、倭や百済と等距離の関係を維持した。そして、そのことをアピールするために前方後円墳を採用した、このように評価した（田中二〇〇二）。この説に立つ研究者は、倭や百済とのかかわりの中でも、栄山江流域社会の首長層が主体的に前方後円墳をきずいたと考えている。

次に倭系百済官僚説である。倭系百済官僚とは、出身は倭だけれども百済の官僚になった人のことだ。この説では前方後円墳の被葬者を、栄山江流域社会の牽制を目的として百済王権より派遣された倭人とみる。

特に朴天秀氏の論が体系的だ（朴天秀二〇〇五・二〇〇七）。朴氏は前方後円墳がほぼ六世紀前半に限ってきずかれていること、それまで大きな古墳が築造されなかった地域へ分散していること、そして栄山江下流域、栄山江上流域、海南《ヘナン》半島、蘆嶺《ノリヨン》山脈以北の四つの地域にわかれて分布することを指摘する。そして、それぞれの前方後円墳が、栄山江流域社会を構成する集団に対する牽制、または倭や大加耶、百済へとつづく交通路の遮断を意図して、百済中央によって配置されたと解釈した。

最後に倭人説だ。これは論者ごとにさまざまだ。まず、北部九州との継続的な交流を基盤としながら、四七五年以降の百済復興のための援軍をふくめた形で、栄山江流域に集団移住した倭人とみる説がある（東二〇〇二）。次に、北部九州から栄山江流域に定住した倭人で、栄山江流域、百済や加耶との対外交流を担った存在として評価する見方がある（洪潽植二〇〇五）。さらに、栄山江流域から北部九州地域へ移住していた集団が再び栄山江流域へ渡り、前方後円墳の造営にたずさわったとする意見もある（林永珍二〇〇九）。

このように、それぞれの研究者が描き出す被葬者の姿は、実にさまざまだ。

研究の現在

被葬者論が百家争鳴《ひゃっかそうめい》の感を呈している一方で、栄山江流域の前方後円墳の埋葬施設や副葬品などに、倭の要素以外にも、栄山江流域、百済、そして加耶などの要素がみられることについては、研究者の間で見解が一致している。また、おおむね六世紀前半を前後する短い期間に築造されたこと、栄山江流域社会の中心たる羅州《ナジュ》地域を取り巻くように分散していることについても、ほぼ共通の理解がある。

すなわち、きずかれた時期、分布、系譜などについての認識は、研究者の間でそれほど大きな違いは認められない。現在では、栄山江流域の伝統的な古墳、集落、生産遺跡などの調査、研究が急速に進んでいる。したがって、栄山江流域社会の構造を明らかにしていく中で、前方後円墳を評価していく段階をむかえている。よって、本書でも栄山江流域にきずかれた伝統的な古墳との比較をとおして、前方後円墳がきずかれた背景を考えてみよう。

2　栄山江流域の二つの墓制

前方後円墳の特徴

それでは、栄山江流域の前方後円墳について、おおむね共通の理解となっている内容をごく簡単に紹介しよう。先に述べたように、前方後円墳は六世紀前半を前後する時期にきずかれ、栄山江流域の各地に分布する。ただし社会の中心の羅州ではこれまでのところ確認されていない。また、光州月桂洞古墳群で二基が隣接してきずかれているほかは、各地で一基のみ単独できずかれている。墳丘の規模は、墳長が五五メートル以下のものと、七〇メートルをこえるものがある。これは、同じころの倭では中型クラスの規模だ。

埋葬施設をみると、ほとんどの古墳で横穴式石室を採用していて、それは九州の横穴式石室に系譜をたどることができる（柳沢二〇〇六など）。少し詳しくみると、次の二つにわけることができる。

①九州各地から造墓工人が渡来して石室をきずいた、もしくはその指導をしたと考えられるもの。

栄山江流域の前方後円墳の横穴式石室（海南長鼓峰古墳）（国立光州博物館）

②石室の各部分に、九州の横穴式石室の要素を確認できるけれども、全体的には独特な形になるもの。

横穴式石室以外では、霊岩チャラボン古墳のように竪穴系横口式石室を採用したもの、そして本章の冒頭に紹介した高敞七岩里古墳のような例もある。

次に、石室におさめられた棺をみると、多くの古墳で鎹《かすがい》や釘で組み立てた木棺が大半だ。その中には、銀で飾った釘や円環（つまみ）をそなえた百済系の装飾木棺が確認された古墳（咸平新徳一号墳など）もある。ちなみに九州の横穴式石室では、鎹や釘の出土はほとんど確認できないので、死者を木棺におさめることはなかったようだ。

その一方で、光州月桂洞一号墳のように、板石

栄山江流域の埴輪（チャラボン古墳）（大韓文化財研究院）

を組み合わせた石棺（石屋形）を設置する場合もある。栄山江流域の伝統では石棺をもちいることはまずないが、九州ではよくみられるものだ。

墳丘を飾る埴輪や木製品が出土したことも大きな特徴だ。これは倭の要素だが、そのつくり方が倭とは異なっている。栄山江流域の埴輪は、土器の製作にもちいられるタタキ技法が採用されている。タタキ技法とは、溝をきざんだタタキ板で土器の外面をたたきながら形を整える技法のことをいう。一方、日本列島では木板でなでるように面を整える（ハケ目）のが一般的だ。栄山江流域の埴輪は、細かいところにも土器と似たような形の特徴があり、現地の土器工人によって製作されていたようだ。そして、墳丘に葺石が確認された例がある。これも基本的には倭の要素である。

以上のように、墳丘や埋葬施設、埴輪、葺石などは基本的に倭とのつながりの中で受容された。その一方で、独特な横穴式石室、木棺の安置、埴輪製作にタタキ技法を用いる点など、栄山江流域の独自性や百済とのかかわりも読み取ることができる。

多様な副葬品

前方後円墳の副葬品は実に豊富で多様である。まず倭系の副葬品としては、鏡、鉾身の断面が三角形の鉄鉾（三角穂式鉄鉾）、柄頭にねじりを加えた「⊂」字状の金具をつけた環頭大刀（捩《ね》じり環頭大刀）、そして各種の須恵器などがある。特に、三角穂式鉄鉾と捩じり環頭大刀は、六世紀に倭王権の威信財として機能したものだ。

捩じり環頭大刀（新徳1号墳）（国立中央博物館）

百済系の副葬品としては、内部に金箔をはさみこんだガラス玉（金箔ガラス玉）、飾《かざ》り履《くつ》や冠などのアクセサリーがある。また、咸平新徳一号墳で出土した馬具セットなどは、百済の中枢で製作された可能性が高い。一方で副葬される土器の多くは、栄山江流域で製作されたものだ。そのほかに、須恵器や百済、大加耶系統の土器も出土している。

このように、栄山江流域の前方後円墳の副葬品には、倭、百済、栄山江流域、大加耶の品々が混在している。その被葬者がさまざまな勢力と関係をもつなかで、副葬品を入手していたことがわかる。

伝統的な古墳の特徴

前方後円墳がきずかれたころの栄山江流域には、その前からの変化をたどることができる伝統的な古墳もさかんにきずかれた。その特徴は第二章第1節で簡単に紹介したが、ここでもう一度整理しておく。

栄山江流域では、おおむね五世紀までは平面が楕円形もしくは台形の低い墳丘をもつ古墳が広まっていた。埋葬施設は専用につくられた甕棺や木棺で、墳丘にはひとつだけではなくていくつもの埋葬施設を設置する「多葬」の慣習が特徴だ。

その後、高大な墳丘をもつ高塚古墳が出現する。その埋葬施設にはより巨大化した専用甕棺にくわえて、竪穴系横口式石室や横穴式石室などの横穴系の埋葬施設が、あたらしく

羅州伏岩里3号墳（国立文化財研究所）

採用される。墳丘の平面は方形（方台形墳）が基本だが、円墳も広まる。この高塚古墳が前方後円墳と同じころにさかんにきずかれた。

この高塚古墳でも複数、時には一〇基をこえる埋葬施設を同じ墳丘に連綿と設置する「多葬」の伝統は、守られている。また、すでにあった低墳丘の古墳をおおうように盛り土をして、高塚古墳をきずく場合もある。ここで、いくつかの例を紹介しておこう。

例えば、羅州伏《ポ》岩里《ガムリ》三号墳の場合、複数の甕棺を設置した低墳丘墳からはじまる。次に、その上に高く墳丘を盛り土し、九州系の横穴式石室や、竪穴系横穴式石室、甕棺をいくつも設置する。さらに、百済系の横穴式石室を順次追加していく。墓として機能するようになってから七世紀前半の最後の埋葬まで、実に四〇〇年ちかくの長きにわたって、ひとつの墳丘で葬送儀礼をおこないつづけた。

霊岩沃野里《ヨンガンオギヤリ》方台形古墳の場合、五世紀前半に方形の高い墳丘をきずき、竪穴系横口式石室をその中央に設置する。そして、五世紀後半から六世紀初めにかけてその周囲に横口式石室、甕棺、木棺を設置している。

そして、栄山江流域の北方、高敞《コチヤン》地域にきずかれた鳳徳里《ポンドンニ》古墳群でも高塚古墳がまとまっている。一号墳では、丘陵を利用した高塚墳丘に石室や甕棺を七基設置している。高敞は百済と栄山江流域の境界の地でもあり、五世紀中ごろという早い時期に百済系の横穴式石室を新たに採用している。けれども、ひとつの墳丘に複数の埋葬施設を設置する「多葬」の慣習は、栄山江流域と共通性が高い。

現地の首長層の墓

このような高塚古墳の副葬品には、百済系のアクセサリーや、倭系の武器や須恵器、現地の土器などがあり、前方後円墳のそれと共通性が高い。また、横穴式石室におさめられた棺も、釘や鎹で組み立てた木棺が大半だ。ただ、在地の甕棺を九州系の石室におさめた例もある（伏岩里三号墳一九九六年調査石室）。

このように、伝統的な甕棺に加えて竪穴系横口式石室や横穴式石室など、横穴系の埋葬施設をあたらしく取り入れながらも、「多葬」という地域の伝統を維持した高塚古墳は、栄山江流域の首長層の墓とみるのが自然だ（金洛中二〇〇九）。本書ではこれを「在地系の高塚古墳」とよんでおきたい。

在地系の高塚古墳と前方後円墳の比較

それでは、在地系の高塚古墳と前方後円墳を比較してみよう。まず埋葬施設をみると、在地系の高塚古墳でも九州に系譜を求められる横穴式石室を採用する場合がある。また、在地系の高塚古墳でも葺石や埴輪が確認された例がある。そして、釘や鎹で組み立てた木棺を石室におさめることも共通的である。それぞれで百済系の装飾木棺を用いた例が確認されている。さらに、副葬品の内容の豊富さ、系譜の多様さということも類似する。特に両者に共通して百済系のアクセサリーや倭系の文物が副葬されていることは重要だ。

このように、埋葬施設、葺石や埴輪、棺、副葬品などはたがいに似かよっていて、百済や倭とのつながりの中で、その墓制を積極的に受け入れている。

その一方で、当然のことだが墳丘の形はまったくちがう。また、前方後円墳は後円部の中央に一基の横穴式石室を設置している。墓として機能したのはどれだけ長く見積っても五〇年にはならないだろう。それに対し、在地系の高塚古墳は「多葬」の伝統のもと、一〇〇年をこえるような長い間、墓として機能しつづける。両者は墓としてのもちいられ方がまったく異なっているのだ。

そして分布をみると、在地系の高塚古墳が羅州を中心とした広がりをみせるのに対して、前方後円墳は一、二基ずつ分散していて、ここにもちがいがある。

栄山江流域に広がる二つの墓制

以上のように、前方後円墳と在地系の高塚古墳には、墳丘の形、墓としてのもちいられ方、分布にちがいがみられる一方で、百済や倭の墓制の影響を受けているという共通性もみられた。

したがって、栄山江流域の前方後円墳を単に特殊な墓、例えば倭から人びとが勝手にやってきてきずいた墓、などとみることはできない。それよりも、栄山江流域が百済や倭とのつながりの中で成立させた、もうひとつの墓制と評価すべきだろう。すなわち、五世紀後半から六世紀前半の栄山江流域では、在地系の高塚古墳と前方後円墳という二つの墓制が展開していたのだ。

このような把握がなりたつならば、次に検討すべきは、前方後円墳をきずく集団と在地系の高塚古墳をきずく集団はどのような関係にあったのか、という点だ。これを検討する

栄山江流域の前方後円墳（上　海南長鼓峰古墳）と在地系高塚古墳（下　羅州丁村古墳）（国立羅州文化財研究所）

ための視点として、当時の交通路と古墳の立地の関係が重要となってくる。この視点は筆者のアイデアではなくて、早くに注目した研究者がいた。それが、本書にたびたび登場を願っている朴天秀氏である。

3　交通路と前方後円墳

朴天秀氏の先見性

朴天秀氏は、前方後円墳の立地と栄山江流域の交通路をあわせて検討することで、前方後円墳が分散する意味についてひとつの答えをみいだした。それは、前方後円墳をきずいた集団は、それぞれが現地の勢力に対する牽制や交通路の遮断などを意図して、百済中央によって各地に配置された、というものだ。

この考え方の根拠となったのが、栄山江流域の中心だった羅州の潘南《バンナン》古墳群と高敞雅山《アサン》面《ミョン》の鳳徳里古墳群をむすぶ交通路と、前方後円墳の関係だ。朴氏がこの交通路を重視したのは、百済が栄山江流域を統合しようとするならば、まずこの交通路を掌握する必要がある、と考えたからだ。そして前方後円墳が、「五世紀代における全羅北道《ブクド》南部の在地勢力の最大の中心地である雅山地域を西方から制圧し、栄山江流域とこの地域との関係を遮断

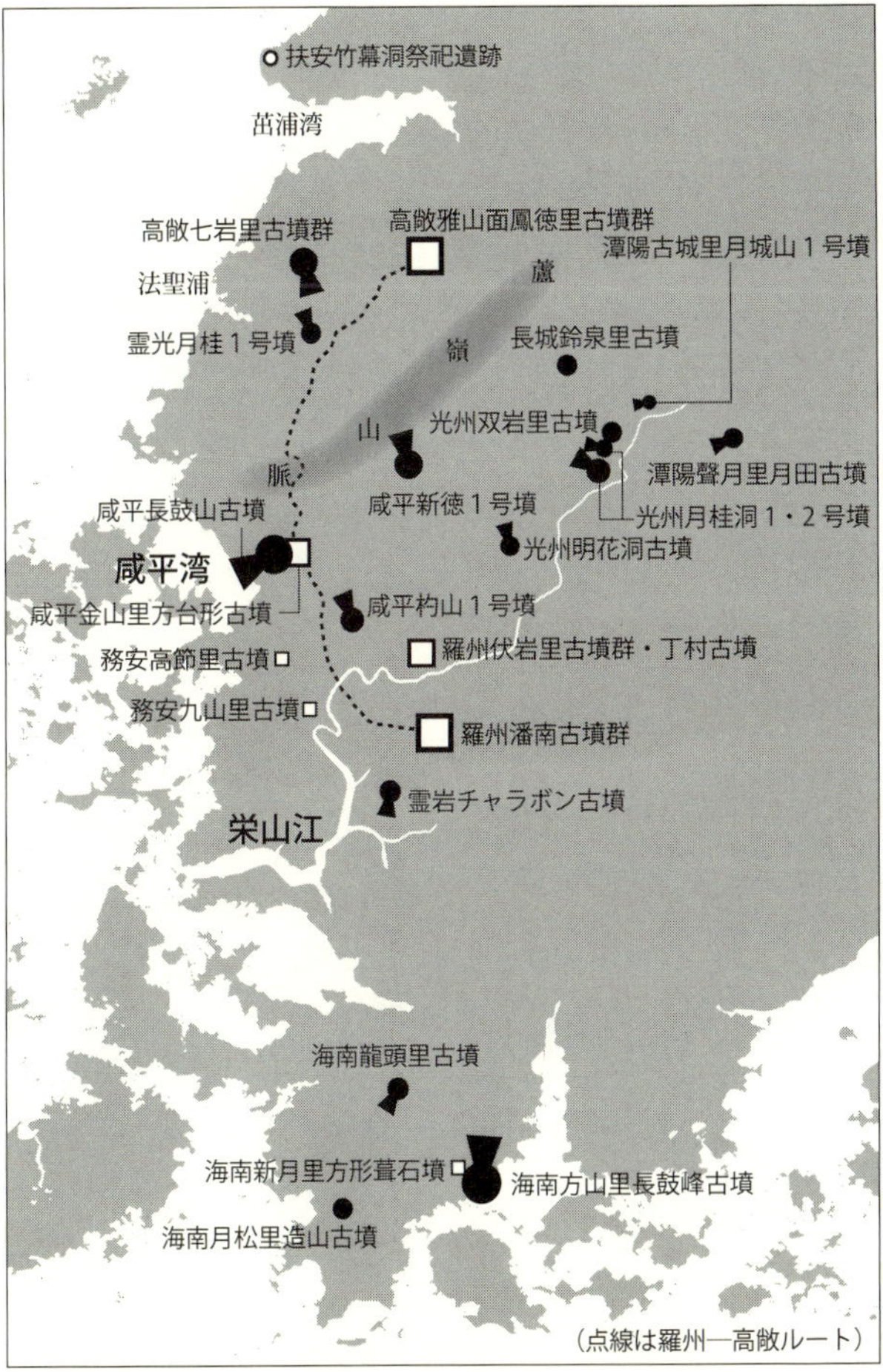

：前方後円墳　□：在地系の高塚古墳　●：九州系横穴式石室を埋葬施設とする円墳　○：海上交通のための祭祀場（終章で紹介）

羅州潘南古墳群（上）と高敞雅山面鳳徳里古墳群（下）

するように配置されている」（朴天秀二〇〇五　六八頁）と把握した。これが朴氏の説く倭系百済官僚説の最大の論拠となった。

余談になるが、慶北《キョンブク》大学に留学当時、筆者は朴氏に何度も前方後円墳の踏査に連れていっていただいた。その折、地図を片手に前方後円墳周辺の地勢を調査しながら、移動する車中でみずからの考えを聞かせてくれた朴氏の姿が、今も思い出される。本章の叙述も留学時の踏査の経験が基礎にある。

ともあれ、二〇〇二年にはじめて発表されたこの説は、発表当時、前方後円墳をきずく集団と在地系古墳をきずく集団との関係を最も鮮明に描いたものだった。この視点をここでも継承したい。

交通路の想定

筆者も、現地の踏査や古地図の分析などを通して、羅州潘南面から蘆嶺山脈をこえて高敞雅山面へいたる交通路を想定してみた。その交通路には、次のような特徴がある。

①この交通路を現在の地名でしめすと、羅州潘南面―栄山江―咸平―蘆嶺山脈（新光《シングアン》―仏甲《ブルガプ》）―霊光《ヨングアン》―高敞雅山面鳳徳里となる。蘆嶺山脈の西側をとおるルートだ。山脈越えの

ルートではもっとも高低差が小さい。

②羅州潘南面―蘆嶺山脈―霊光までの道程、特に蘆嶺山脈をこえる区間の道程は、昔から利用されていた峠道とほぼ一致する。

③蘆嶺山脈の南側では、二基の前方後円墳（咸平長鼓山《ジャンゴサン》古墳と咸平杓山《ピョサン》一号墳）と在地系の高塚古墳（咸平金山里《キムサンリ》方台形古墳）が、この交通路沿いに位置している。そのほかの在地系の高塚古墳もまた、この交通路に近い地にきずかれている。

④蘆嶺山脈北側では二基の前方後円墳（高敞七岩里古墳、霊光月桂一号墳）が、この交通路の近くに位置している。

この交通路を「羅州―高敞ルート」とよびたい。

交通路一帯にきずかれた古墳

この羅州―高敞ルート沿いには、在地系の高塚古墳と前方後円墳それぞれが位置している。また、四、五世紀の低墳丘墳もこの交通路一帯に広がっていて、古くから地域集団に利用されていた重要な交通路だった。当時の人びとが墓をきずく場所を選ぶときに、この羅州―高敞ルートとの関係を意識したことはまちがいないだろう。

また、このルートは西海岸沿いを走っている。そして、ルートの東側には咸平川が南北に長く流れている。したがって、容易に西海岸をつたう航路へ出ることもできるし、咸平川を利用して物資を運搬することも可能だった。

　実際に在地系の高塚古墳は、北から茁浦《チュルポ》湾、法聖浦《ポプソンポ》、咸平湾、そして栄山江の付近と、港として利用された可能性が高い場所の近くに位置する。それをきずいた地域集団は、海から運ばれてくるさまざまな人やモノ、情報を集約して、それを羅州—高敞ルートや咸平川を介してやりとりすることができた。

　問題となるのは、五世紀後半から六世紀前半にかけて、北から七岩里古墳—月桂一号墳—長鼓山古墳—杓山一号墳と、前方後円墳もまた、この交通路の一帯にきずかれていることだ。この羅州—高敞ルートをめぐる在地系の高塚古墳

法聖浦

と前方後円墳の関係にせまる鍵は、さきほど整理した両者の共通性とちがいにある。

併存する在地系の高塚古墳と前方後円墳

まず、墳丘の形はもちろんのこと、墓としてのもちいられ方が異なることに注目すると、前方後円墳という新たな墓制の成立には、それをみずからの墓制としていた倭から渡ってきた集団のかかわりがあったはずだ。長きにわたる栄山江流域と倭の交渉の中で、往来を頻繁に重ねていた倭系集団がいたのだろう。

その一部が栄山江流域の各地に定着しながら、前方後円墳をめぐるさまざまな物資、技術、情報をもたらした。特に北部九州系の横穴式石室をきずく技術は、それまでの栄山江流域にはまったく認められないものなので、九州の技術者集団が海を渡ってきて石室の構築にたずさわった可能性は高い。

栄山江流域の一部の地域集団は、このような倭系集団との交流の中で倭の墓制を総体的に採用して前方後円墳をきずいた。それとともに、百済のアクセサリーを副葬したり、装飾した木棺に死者をおさめるなど、百済の墓制もとりいれていた。

そして在地系の高塚古墳を固守する地域集団もまた、倭や百済の墓制を知ることができる環境にあり、実際にその一部をすでにあった高塚古墳にとりいれたり、新しく高塚古墳をきずく際に受け入れたりした。

このように、両者ともに、羅州―高敞ルート、西海岸の航路、咸平川、ひいてはそこから派生するさまざまな交通路を利用していたことは明らかである。ここに、栄山江流域の地域集団をとりむすぶネットワークの存在が明らかとなる。

現地の勢力に対する牽制や交通路遮断のために、百済が前方後円墳（をきずく倭系集団）を配置した、という説には、在地系の高塚古墳と前方後円墳の関係が排他的だったという前提がある。しかし、これまでみてきたように、在地系の高塚古墳であれ前方後円墳であれ、それをきずいた地域集団は、羅州―高敞ルートを基軸としたネットワークを活用し、新たな墓制を受け入れていた。その点で両者は共通するのだ。

したがって、両者の関係を排他的ととらえるよりはむしろ、対立や協調をふくみこんだ微妙な関係、しっくりとくる表現がなかなかみあたらないが、いうなれば「併存的」な関係にあったとみるべきだ。

倭系渡来人の姿

この微妙な関係を端的にしめす地域がある。それは咸平湾沿岸だ。ここでは前方後円墳（長鼓山古墳）と在地系の高塚古墳（金山里方台形古墳）が、互いを眺望することができるほど

長鼓山古墳（上）と金山里方台形古墳（下）

に近接して立地している。しかも、金山里古墳は墳丘に葺石をそなえ、円筒埴輪を並べている。それだけではなく、馬や鶏を模した埴輪（形象埴輪）も出土した。形象埴輪は倭でさかんにつくられたものだ。このような状況をみるだけでも、両者の関係を排他的とみることはできない。

さらに、すぐ近くには両古墳を造営するためのキャンプのような集落も確認された。それは、咸平老迪《ノジョク》遺跡カ地区である。この集落には、栄山江流域に定着した倭系集団の姿が見えかくれする。

老迪遺跡カ地区は羅州―高敞ルートに面する丘陵の斜面に位置していて、五世紀後半から六世紀前半という短期間に営まれた集落だ。まさに長鼓山古墳と金山里古墳がきずかれた時期である。この集落から出土した土器をみると、現地の土器のほかに百済、加耶の土器もあり、そして倭の須恵器もふくまれていた。

また集落からは、一三点もの埴輪の破片が出土した。出土した埴輪のほとんどは、外面をタタキ技法で整えているので、現地の土器工人によって製作されたものだろう。それと同じ埴輪が長鼓山古墳と金山里古墳の両方で出土しているので、ここから両古墳へ供給されたことは明らかだ。おそらく、集落の近くに埴輪を焼いた窯があるはずだ。

このように老迪集落の人びとは、古墳をつくるにあたって羅州―高敞ルートや西海岸航

老迪遺跡カ地区（上）と出土した埴輪の破片（下）（湖南文化財研究院）

路、そして咸平川を介して、古墳造営のための物資や情報を倭や百済から入手していた。そして、須恵器や埴輪が出土したことからみれば、集落の構成員には海を渡って地域に定着し、古墳の造営にたずさわった倭系の渡来人がふくまれていた可能性は高い。

　これは咸平湾沿岸に限ったことではない。この時期の栄山江流域各地の集落からは在地の土器と混ざって、かなりの数の須恵器が出土する。その大半が日常の食事や何かの儀礼にもちいられた小型の容器だ。それをもちいる習慣のあった倭の人びとが、須恵器をたずさえて渡来し集落に滞在していたのだろう。

倭から栄山江流域へ渡来して定着をはかりながら現地の人びとと「雑居」する、このような倭人たちの姿がここにある。

4　前方後円墳がきずかれた背景

栄山江流域社会からみた前方後円墳

これまでの叙述に基づいて、栄山江流域に前方後円墳が築造されるまでの流れを、おおまかにまとめよう。

まず、倭と栄山江流域の不断の交渉をとおして、前方後円墳にかかわるモノ、人、情報が栄山江流域にもたらされる。次に、航路や陸路そして河川を媒介としたネットワークによって、栄山江流域各地の地域集団の間で広まる。

そして、前方後円墳をみずからの墓制とすることをめざした地域集団は、埴輪や木製品を製作し、前方後円形の墳丘をきずき、北部九州系の横穴式石室を構築した。その一方で伝統的な高塚古墳を固守することを選択した集団は、埋葬施設を北部九州系横穴式石室にしたり、埴輪や葺石を採用することはあっても、前方後円形の墳丘を受け入れることはなかった。

おそらく前方後円墳にかかわるモノ、人、情報のやりとりや、実際の古墳の造営には、栄山江流域と倭の間を往来したり、現地への定着をはかる倭系の渡来人が深くかかわっていたのだろう。さらに、地域集団は百済とも交渉を重ねていて、その中で百済系のアクセサリーを手に入れたり、死者の保護に木棺(時には装飾木棺)をもちいたりしていた。また、一部では加耶とつながりをもつ集団もいた。その結果、前方後円墳も在地系の高塚古墳も、古墳を構成する要素は非常に多様なものとなった。

したがって、前方後円墳か在地系の高塚古墳かというちがいは、栄山江流域社会の地域集団からみれば、新たな墓制を受け入れていく際の取捨選択による結果、倭や百済、大加耶とのつながり方のちがいによる結果と評価できる(高田二〇一二)。

おそらく、栄山江流域の前方後円墳の被葬者は、百済や倭とつながりのあった地域集団の首長やそれに次ぐ人だろう。ただし、その中に百済や倭でうまれて対外活動にたずさわる中で栄山江流域に定着し、首長層にまで成長したような人がふくまれていた可能性は十分にある。

なぜ前方後円墳をきずいたのか

それでは最後に、なぜ栄山江流域の社会は前方後円墳をきずいたのか、より正確にいえば、なぜ栄山江流域社会の中に前方後円墳をきずく地域集団がいたのか、という問題にせまってみよう。これを解くカギは、当時の百済と栄山江流域の政治的な関係と、栄山江流域での前方後円墳の分布にある。

前方後円墳がきずかれた五世紀後半から六世紀前半にかけて、百済王権は栄山江流域を統合しようとさかんに動いていた。第三章第1節で触れたが、四九〇、四九五年に百済の東城王《ドンソン》は武勲のあった王族や貴族のために、栄山江流域の拠点を名に付した「王」「侯」の除正を中国南斉に求めた。また、さかんに冠・耳飾・飾り履などのアクセサリーや、華麗な装飾をつけた木棺を贈ったりしていた。このような動きをとおして百済は、栄山江流域をみずからの領域へ編入しようとしたのだ。

この百済の動きに対して、栄山江流域の側もそれらを受け取って、アクセサリーを身に着けたり、装飾木棺をもちいて死者を葬送するなどしていた。それは、百済との友好的な関係を維持したいという思いの表れだろう。両者はかならずしも対立的な関係ではなかった。

しかし、一部の地域集団は、このような動きの背後に栄山江流域の編入という百済の思惑を読みとったのではないか。そして、百済に編入されることでみずからの既得権益が損なわれることを是とせず、なんとかしてみずからの政治的、経済的な主体性を維持しようとした。その方策が、海のむこうの倭とのつながりを百済にアピールすること、すなわち前方後円墳をきずくことだった（田中二〇〇二）。逆にみれば、百済や栄山江流域の人びとにとって、前方後円という墳丘の形は、それだけ倭を連想させるものだったのだ。

　四世紀後半以来、倭は百済にとって重要な同盟相手であり、栄山江流域にとっても古くからの交渉相手だった。このような倭と緊密につながっていることをアピールすれば、百済王権も容易にわれわれに手を下すことができないだろう、前方後円墳をきずいた集団はこのように考えたのではないか。

　そして、このような危機意識の持ち方は、栄山江流域の中心である羅州と、社会の周縁に位置する地域集団とでは大きくちがっていた。羅州では、在地系の高塚古墳の構成要素として北部九州系の横穴式石室や埴輪、葺石は受け入れても、前方後円墳をきずくことはなかった。それに対して、栄山江流域の外縁、すなわち百済と境界を接する地域（高敞や霊光）や、海や川沿いに位置してさかんに対外活動をおこなっていた地域（咸平、霊岩、海南半島）、または加耶とつながっていた地域（光州や潭陽《タシヤン》）では、前方後円墳をみずからの墓制として受容した。

　このように、栄山江流域社会の中でも活発に外の世界とつながっていた地域集団は、百済の思惑を敏感に読み取り、前方後円墳をきずくことで倭とのつながりを強調し、百済中央とつかずはなれずの関係を維持しようとした。これが栄山江流域に前方後円墳がきずかれた、根本的な理由である。

多義的な墳墓として

以上のように前方後円墳には、栄山江流域社会の百済への対応という思惑があった。また、倭にとっても栄山江流域は古くからの交渉相手だったので、その動きに積極的に協力し、つながりを深めようとした。さらに、前方後円墳の被葬者が身に着けた百済のアクセサリーや、彼（彼女）が安置された装飾木棺には、百済の栄山江流域に対する統合の思惑が反映されていた。

したがって、栄山江流域の前方後円墳には、特定の社会の政治目的だけが反映されたわけではない。造営から葬送儀礼にいたる一連の過程で、栄山江流域、倭、百済などの思惑が複合的に重なってきずかれた、いうなれば「多義的」な墓だったのである。

その後の栄山江流域社会

結局、栄山江流域社会は六世紀中ごろ、百済王権が公州《コンジュ》から扶余《プヨ》へ遷都してまもない時期に、百済の領域へと編入されてしまうようだ。それをしめすように、栄山江流域では前

薄暮の栄山江

方後円墳の造営が終了し、そのかわりに百済の特徴的な横穴式石室（陵山《スンサ》里《リ》型）が一斉に広がる。また、地域の首長層は百済で官位をしめす役割をはたした冠飾り（銀花冠飾《ぎんかかんしょく》）を着装するようになった。

この動きを端的にしめすのが、咸平新徳古墳群だ。一号墳は六世紀前半にきずかれた前方後円墳で、被葬者や地域集団がさまざまな勢力とつながっていたことがわかる。しかし、その次世代の首長の墓で、一号墳のすぐ後ろにきずかれた二号墳は、前方後円墳ではなくて陵山里型石室を採用した円墳だった。在地系の高塚古墳をきずく集団もまた、この頃には北部九州系の横穴式石室ではなく、陵山里型石室を採用するようになっていた。

このように、統一された墓制とアクセサリーが栄山江流域に普及したことは、それぞれの地域集団が百済王権の傘下に入り、その中で序列化されていったことを物語っている（李漢祥二〇〇九）。前方後円墳をきずくことで、みずからの自主性を維持しようとした動きは、最終的には失敗したのである。おそらく地域集団の独自な対外活動も、百済王権によって大きく規制されただろう。この段階をもって、栄山江流域社会は終焉をむかえ百済の一地方となった。

引用・参考文献

（日本語）
東 潮二〇〇二「倭と栄山江流域」朝鮮学会編『前方後円墳と古代日朝関係』同成社
高田貫太二〇一二「栄山江流域における前方後円墳築造の歴史的背景」『内外の交流と時代の潮流』古墳時代の考古学七 同成社
田中俊明二〇〇二「韓国の前方後円形古墳の被葬者・造墓集団に対する私見」朝鮮学会編『前方後円墳と古代日朝関係』同成社
朴天秀二〇〇五「栄山江流域における前方後円墳からみた古代の韓半島と日本列島」『日韓交流展 海を渡った日本文化』宮崎県立西都原考古博物館
柳沢一男二〇〇六「五～六世紀の栄山江流域と九州」『加耶、洛東江から栄山江へ』第十二回加耶史国際学術会議 金海市
山尾幸久二〇〇二「五、六世紀の日朝関係——韓国の前方後円墳の一解釈——」朝鮮学会編『前方後円墳と古代日朝関係』同成社
（韓国語）
姜仁求一九八七『韓国の前方後円墳 舞妓山と長鼓山測量調査報告書』韓国精神文化研究院
金洛中二〇〇九『栄山江流域古墳研究』学研文化社

朴天秀二〇〇七『新たに叙述する古代韓日交渉史』社会評論
林永珍二〇〇九「栄山江流域における馬韓社会の解体」『馬韓　息吹く記録』国立全州博物館
李漢祥二〇〇九『装身具の賜与体制からみた百済の地方支配』書景文化社
洪潽植二〇〇五「栄山江流域古墳の性格と推移」『湖南考古学報』二一

終　章　日朝関係史と現在、そして未来

長年の願い

二〇一二年一一月二六日の午前、筆者と同僚の林部均《はやしべひとし》さんは、朝鮮半島の西海岸に突き出た邊山《ピョンサン》半島の突端へ向かう車中にいた。

「あった、あった。あそこですよ。いやぁ、昔の記憶は正しかったんですねぇ」

めざしていた展望台を車窓から見つけることができた。喜びのあまり、やや自慢げに林部さんに話しかけた。到着したのは、全羅北道扶安郡格浦里《チョルラプクドブアングンキョッポリ》の港町である。格浦港のすぐ北にある標高二〇〇メートルほどの丘陵の頂に、展望台はひっそりとたっていた。

雨模様だった天気も好転し、これなら景観を堪能できるにちがいない、と期待しながら、人けのない展望台の階段をかけあがっていった。が、頂上につくと、すさまじい寒風が吹き荒れていた。風をさまたげるものが何もなく、ふたりとも文字通り吹き飛ばされそうになった。

「うわぁ、なんじゃこりゃ、さみい、さみい」

と興奮気味に連呼しながら、周囲をみわたした。東から南にかけては格浦里の港町を見

下ろすことができた。西には黄海の海原が広がり、遠くに蝟島《ウイド》とよばれる小島が位置していた。そして北には、今回の目的地、扶安竹幕洞《チュンマクトン》祭祀遺跡を遠望できた。空気はすみきっていて絶好の景観だった。風に体を持っていかれないように踏ん張りながら、遺跡へむけカメラを構え、シャッターを切った。この展望台から遺跡の遠望をカメラにおさめるという、長年の念願を果たせた瞬間だった。

それまで三回ほど、竹幕洞祭祀遺跡を訪れていた。留学中の二〇〇〇年だったと思うけれども、朴天秀《パクチョンス》さんが熊本古墳研究会の皆さんを案内するのについていったのが、最初だった。その時、この展望台にはじめてのぼった。しかし、筆者は自前のカメラをまだ持っていなかった。周りで遺跡の遠景をカメラにおさめているのを、うらやましく眺めていたのを記憶している。それ以来、遺跡の現地にはおもむいたが、展望台にのぼる機会はついになかった。

ちなみに、自分のカメラについては、朴さんが留学の様子を見に来韓した父を、留学中に撮る写真はこれからの財産になるから、と説得してくれたおかげで、上野にあるヨドバシカメラでキヤノンのEOS kiss（当時はフィルムカメラ）を買うことができた。今も、それは大切に保管している。

さて、扶安竹幕洞祭祀遺跡だが、この遺跡は四世紀から近現代につづく海上交通や漁撈

展望台から遠方に竹幕洞祭祀遺跡を望む

にかかわる祭祀場である。一九九一年に韓国国立全州《チョンジュ》博物館によって発掘調査がおこなわれ、祭祀の際に奉献された品々が出土した。現在も海にむかって水聖堂《スソンダン》（水城《スソン》堂）というお堂がたつ。

　留学時から十余年ぶりに目の当たりにした景観は、実に壮観だった。竹幕洞祭祀遺跡は黄海へ突き出た岬のまさに突端に位置している。ファインダー越しに水聖堂も確認することができた。むろん周囲は海原で、この日は強風のためか白波が立っていた。心のおもむくままにシャッターを切りながら、海にかかわる祭祀場がこの地に設けられた理由を実感していた。

　景観を堪能した後に展望台を降りて、港町の食堂で昼食を取ることにした。せっかくだからと刺身の盛り合わせを注文した。刺身はむろんのこと、「ツケダシ」（日本語の「突き出し」からきた語）とよばれるさまざまな前菜も野趣あふれていて絶品だった。満腹になり、冷え切った体が店内のオンドルで徐々に暖まっていくのを感じながら、食堂を出て遺跡の現地へとむかった。

竹幕洞祭祀遺跡とは

竹幕洞祭祀遺跡は、赤壁江《チョクビョクガン》（赤碧《チョクビョク》江）とよばれる絶壁と岩盤からなる岩石海岸上のせまい平坦地に広がる。一九八〇年以後に海岸警備のため、塹壕《ざんごう》や鉄柵などの軍関連施設がつくられ、遺跡は大きく破壊されたらしい。現地に到着すると、水聖堂がひっそりとたっていた。水聖堂は一九世紀にはこの地にあったようだが、以後何回か建て替えられ、現在の建物は一九九六年に建てられたものだという。その背後に広がる平坦地が調査された場所だった。

国立全州博物館による発掘調査の結果、三国時代の土器や金属製品（鏡・武器・武具・馬具など）、石製品など、多様な奉献品が出土した。土器の多くは現地の土器だが、百済や栄山江流域から持ちこまれたような土器も確認できる。さらに、中国からの陶磁器も出土した。調査の結果、およそ八×九メートルほどの広場が祭祀場の中心で、そこに壺や甕などの容器をならべ、その中に各種の奉献品をおさめたりするような祭祀がおこなわれたことが明らかとなった（国立全州博物館一九九四）。調査報告者は、祭祀の対象は漁業神、航海神、船神などの海洋神であり、特に航海の安全を祈願する意味合いが強かったと判断している。多彩な祭祀具からみても、西海岸や黄海での航海がさかんだったことがうかがえる。五世紀には百済王権が管理するような国家的な祭祀場としての性格を帯びていたようだ。

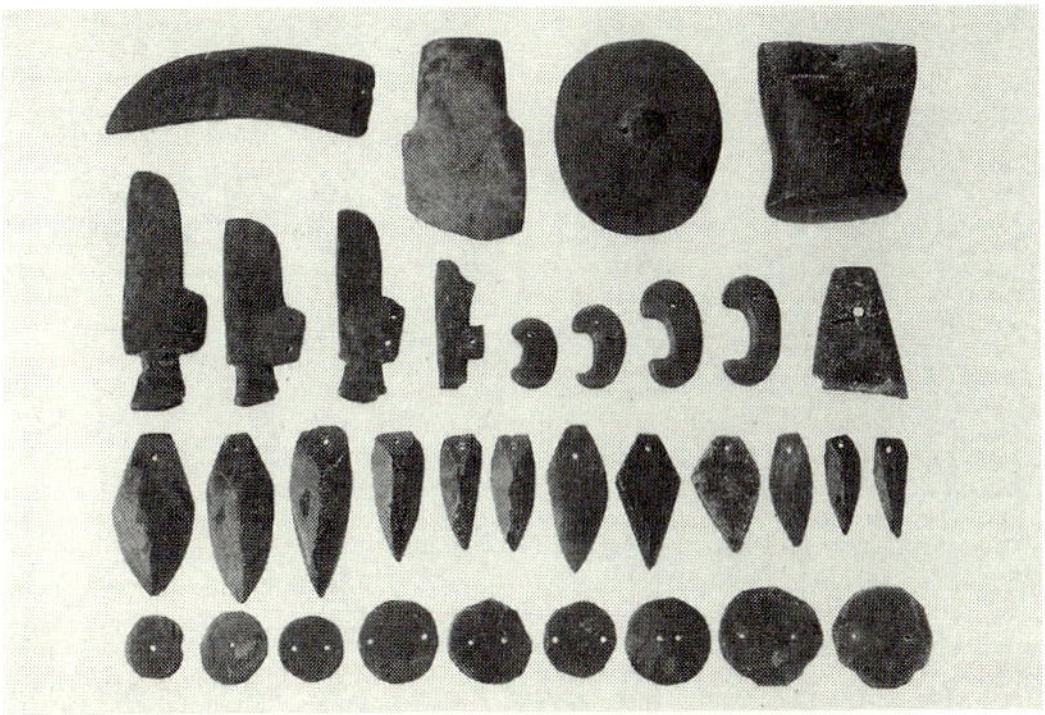
竹幕洞祭祀遺跡出土の石製模造品（国立全州博物館）

また、朝鮮王朝の時代にいたるまでのさまざまな奉献品も出土していて、その祭祀は断続的に続いていた。さらに、一九世紀に水聖堂が建てられ、一九七〇年ごろまで「堂祭《ダンチエ》」と呼ばれる祭祀がおこなわれていた。海をはさんで向かいの蝟島では、今でもそのような祭祀をおこなっているという。このように、竹幕洞祭祀遺跡は、古代から今につづく海にかかわる祭祀の様子を知ることができる貴重な遺跡である。

そして、竹幕洞祭祀遺跡から出土した奉献品には、五世紀に倭から持ちこまれた石製模造品がふくまれていた。石製模造品とは、鏡、斧、鎌、刀子《とうす》、盾、甲などさまざまな器物を模した石製品のことだ。倭では祭祀の道具や古墳の副葬品としてさかんにもちいられた。その一方で、朝鮮半島ではほとんど出土しておらず、まとまって確認されたのは竹幕洞祭祀遺跡が唯一だ。朝鮮半島では石製模造品を用いた祭祀が広まっていたとはとても考えられない。その形も倭のものと同じであり、倭から持ちこまれたと考えられる。

したがって、倭から海を渡り、朝鮮半島の南、西海岸をつたって百済の地をめざしていた人びとも、この地で航海安全を祈願して祭祀をとりおこなった可能性がきわめて高い。竹幕洞祭祀遺跡は、五世紀の百済と倭の交渉を如実にしめす遺跡でもあったのだ。

今につづく祭祀

かつて倭からこの地へ訪れた人びとに思いをはせながら、遺跡をめぐった。水聖堂の背後の祭祀場を写真におさめ、近隣の「堂窟《ダングル》」とよばれる海蝕洞《かいしょくどう》をのぞき込み、そして海岸へとおりていった。筆者は、この海岸でひとつ確かめたいことがあった。

二回目に遺跡を訪れた二〇〇三年五月六日、同じように海岸へおりていったとき、ちょっとした岩陰に二本のロウソクが立てられているのを見つけていた。物悲しくポツンと残されたロウソクをみて、海で遭難した人をともし火で悼んだのかもしれないな、と勝手に想像した。その静粛な場が筆者を引きつけたのだった。今につづく祭祀の一端を垣間見たような気がした。その場を、あらためて訪れてみたかった。

残念ながら、今回は海岸にロウソクなどは見つからなかった。林部さんと一緒に、眼前の引きこまれそうな海原、そして遠くの蝟島をカメラにおさめながら、もしかするとこの

水聖堂の祭祀場（上）、海蝕洞「堂窟」（中）、岩陰のロウソク（下）

場での祭祀も絶えつつあるのかな、と少しさみしい感じもした。小一時間ほど、遺跡とその周囲をめぐった後、帰路についた。

竹幕洞と沖ノ島が語ること

さて、玄界灘にも竹幕洞と同じような祭祀場がある。沖ノ島だ。沖ノ島は、玄界灘のまっただ中に浮かぶ小さな孤島で、朝鮮半島と日本列島をむすぶ海路の要衝である。四世紀以来、海上交通に関わる祭祀場として機能したことは第一章で紹介した。

沖ノ島では戦後に三次にわたる発掘調査が実施された。その結果、二三ヵ所もの祭祀場が確認され、四世紀から一〇世紀初めにかけての祭祀の変遷が明らかになった。さまざまな奉献品が出土し、「海の正倉院《しょうそういん》」とも呼ばれている。その奉献品の中には、中国大陸や朝鮮半島から持ちこまれたと考えられるものも多い。そして沖ノ島は、現在でも宗像三女神の一人、田心姫《たごりひめ》を奉祀した沖津宮《おきつのみや》として宗像大社の管理下にあり、祭祀が続いている。

日本列島と朝鮮半島をつなぐ海路の要衝地に位置し、今も祭祀場として機能する二つの遺跡。この竹幕洞と沖ノ島が物語ることは、両地域ではこのような祭祀場を設ける必要があるほどに頻繁な交流がおこなわれ、それが現在につづいているという歴史的な事実だ。

海の向こうから見た倭国

その現在につづく日朝関係史の中で、三世紀後半から六世紀前半の状況を、本書ではひもといてきた。そこから浮かびあがる倭の姿、すなわち本書のタイトルでもある「海の向こうから見た倭国」の姿は、次のようにまとめられるだろう。

三世紀後半から六世紀前半の朝鮮半島には、高句麗、百済、新羅、加耶、栄山江流域などの社会が割拠《かっきょ》し、遠交近攻のような関係でしのぎを削っていた。特に、高句麗が朝鮮半島中南部への進出をもくろむようになると、百済、新羅、加耶、栄山江流域などの社会は、国際情勢を有利に展開させていくために、さまざまな対外戦略をとる必要があった。

その戦略のひとつに、海をへだてて位置する倭との通交があった。さまざまなモノ、人、情報を倭へ提供することで、みずからの側に引き入れ、その関係を他の社会に誇示することで、情勢の安定に努めようとした。すなわち、百済、新羅、加耶、栄山江流域社会それぞれにとって倭は、戦略的に重視しなければならず、友好関係の確立が必要な「遠くて近い」社会だったのだ。

このような朝鮮半島側の倭に対する認識、そして明確な目的に基づいた対倭交渉の働きかけがあったからこそ、倭は朝鮮半島から多様な文化を受け入れ、それをみずからのものとすることができた。

栄山江流域から倭を考える

それでは、朝鮮半島の側から対外戦略的に重要だと認識された倭とは、実態としてどのような社会だったのだろうか。本書を閉じる前に、日朝関係史の立場から倭の実像についての見とおしをつけたい。その手がかりとなるのは、第四章で取り上げた栄山江流域の前方後円墳である。

第四章では、できるだけ栄山江流域社会の視点に立って、五世紀後半から六世紀前半にその地にきずかれた前方後円墳の歴史的な背景を検討した。そこに朝鮮半島からみた倭の姿が凝縮されている、と考えたからだ。そしてもうひとつ、栄山江流域の前方後円墳を考えることが、実は倭の社会を考えることにもつながるのではないか、という思いがあった。そのことを述べたい。

かつて前方後円墳体制論（第二章第４節で触れた）を提示した都出比呂志《つでひろし》氏は、古墳時代を「倭人系の民族」が形成されていく時期とみた。すなわち九州南部から東北中部にいたる広い範囲で文化的な共通圏が形成され、それが民族形成の基礎となったと考えたのだ。その指標は大きく三つだ。倭王権を中心とする広範な物資の物流圏が形成されたこと、生業や衣食住などの生活様式に共通性が高まったこと、そして前方後円墳祭式などの精神的な習俗が共有されたことである。

そして都出氏は、この民族形成に決定的な役割をはたしたものとして、前方後円墳体制を挙げた。古墳の大きさやさまざまな古墳の形には、倭人社会の政治的な秩序が反映されていて、そのトップに立つ倭王権が、民族へとつながる文化的な共通圏の形成に大きな役割をはたしたと考えたのである（都出一九九三）。

偏狭なナショナリズムにもつながりかねない民族形成論に、都出氏があえていどんだ背景には、古墳時代研究を長らくリードしてきた氏の現代社会や国家に対する深い問題意識がある（杉井二〇一四）。氏の提言は批判的に継承していかなければならない。

その時ただちに問題となるのが、栄山江流域の前方後円墳だ。前方後円墳体制論の論理を貫徹させると、明らかに栄山江流域社会も六世紀前半にはその体制に組み込まれていたことになる。また、栄山江流域の前方後円墳は、墳丘の形や埴輪、横穴式石室、そして副葬品などの面で倭と共通性が高い。したがって、それをきずいた集団は、倭人系民族の形成の基礎となった精神的な習俗をつちかっていたことにもなる。

しかしながら、栄山江流域の前方後円墳に反映された精神的な習俗は、倭とだけ共通するわけではない。第四章で述べたように、栄山江流域の前方後円墳と伝統的な高塚古墳は、物流圏を共有し、葬送儀礼にも共通する部分が多い、いわば「併存的」な関係だった。また、被葬者を装飾木棺におさめたり、アクセサリーを身に着けさせたりする葬送儀礼は、百済のそれを取り入れたものである。さらに加耶からもたらされた副葬品も確認できる。

このような栄山江流域の前方後円墳に表現された習俗の多重性を、倭人系民族が形成される基礎のようなものとみなすことは、難しいだろう。ましてや伝統的な古墳との併存関係からみれば、栄山江流域社会が前方後円墳体制に組み込まれていたとみることもできない。そうではなくて、栄山江流域の前方後円墳は、倭や百済、加耶などの社会と栄山江流域社会との政治経済的、そして文化的な関係性をしめす多義的な墓なのだ。そこにみられる精神的な習俗は、あくまでも当時の栄山江流域に住んでいた人びと（出身地は問わない）の中で共有されたものだろう。

倭の実像——これからの課題

そしておそらく、このような前方後円墳の多義性は栄山江流域にかぎらず、倭各地の地域社会できずかれた前方後円墳にもあてはまる。例えば、第三章で取り上げた吉備の天狗山古墳は、朝鮮半島の東萊《トンネ》（釜山《プサン》）地域や栄山江流域との密接なつながりをしめす前方後円墳でもあった。それをきずいた天狗山集団は、瀬戸内のネットワークに参加することで近隣の地域社会ともつながっていた。けれども「吉備の反乱」によって吉備の中心勢力が押さえこまれた時に、むしろ積極的に倭王権の傘下へとはいっていった。

また、「磐井の乱」を引き起こした磐井が生前にきずいたとされる岩戸山古墳は、六世紀前半の前方後円墳の中で第四位の規模を誇り、倭王権との近しい関係のもとできずかれたことは確かだ。その一方で、実際の古墳の造営には近隣の地域社会の協力が必要だっただろう。それらとは墳丘の周囲に石製表飾を樹立するなど、精神的な習俗も共有していた。そして、磐井は朝鮮半島のさまざまな社会ともつながり、最後には新羅と手をむすんで倭王権を見限ったのである。

この二つの前方後円墳をとりあげるだけでも、倭各地の前方後円墳がきずかれた背景、それをきずいた地域社会や集団の倭王権に対する立ち位置が、さまざまだったことが想像できる。倭王権の傘下にはいった証として前方後円墳をきずいた場合でも、そこには地域社会や集団の明確な理由があった。例えば天狗山集団の場合には、それまでの対外活動の権益を維持するというものだった。

また、前方後円墳をきずくことが、必ずしも倭王権への服属を意図したものではない場合もあった。栄山江流域社会のように、倭（王権）とつながることを前方後円墳でしめし、それによって近隣の社会への牽制を意図する場合もあっただろう。あるいは、磐井のように倭王権に対し「面従腹背《めんじゅうふくはい》」の立場をとる中で前方後円墳をきずくような場合もあっただろう。そして前方後円墳をきずく際に、朝鮮半島との密接なつながりが重要なファクターとなる場合も、また多かった。

このようにみてくると、古墳時代の倭の実像を考えていくときに、それを特徴づける前方後円墳に倭王権中心の政治的な秩序を読みとるだけでは不十分だ。むしろ、筆者は日朝関係史を研究する立場から前方後円墳の本質を次のように考えてみたい。

古墳時代（厳密には本書であつかった三世紀後半から六世紀前半まで）の倭では、倭王権を核としながらそれぞれの地域社会も拠点となる、錯綜《さくそう》した可変的なネットワークが広がっていた。それは朝鮮半島（少なくとも中南部）にまでのびていて、そこでも同じようなネットワークが広がっていた。その環海地域を取り巻くネットワークを活用しながら、倭王権と地域社会は時には協調して時には競合して、朝鮮半島のさまざまな社会と政治経済的な交渉を重ねた。その中で先進文化にかかわるモノ、人、情報をさかんに受け入れて、それにもとづいてさまざまな生産活動や土地開発をおこなった。それを主導した各地の首長層が、みずからの活動を表現し誇示するために、そして倭王権や他の地域社会、ひいては朝鮮半島とのつながりをしめすために、共通のモニュメントや仕組みが必要だった。それが前方後円墳だった。

この考えは筆者にとってまだ見とおしにすぎない。それを論証していくためには、倭の各地で前方後円墳を実際にきずいた地域社会や集団の視点、またはそれらが密接につながっていた朝鮮半島の視点も織り込みながら、倭や栄山江流域できずかれた前方後円墳の多義性を明らかにしていく必要がある。そうすることで、倭の実像をより豊かに描いていく道が開けるのではないだろうか。今後の課題としたい。

一衣帯水のあいだがら

本書を閉じるにあたって一言。日本列島と朝鮮半島は、よく「一衣《いちい》帯水《たいすい》」の関係といわれる。一衣帯水とは、もともと細い帯のように長く狭い川や海峡のことをさすが、転じてきわめて近しい関係を意味するようになった。

二〇一五年は日韓国交正常化五〇周年だった。日本政府観光局と韓国観光公社の統計によれば、日韓基本条約がむすばれた一九六五年当時、日本と韓国の往来者は年間わずか一万人程度にすぎなかったという。その後、人びとの行き来は活発なものとなり、日韓共催のサッカーワールドカップが開催された二〇〇二年には三五九万人、そして二〇一五年には五八四万もの人びとが往来するまでになった。

また、現在の日本にとって韓国は、中国、アメリカに次ぐ第三位の貿易相手国でもある。おそらく日本列島と朝鮮半島は、世界の中でもモノ、人、情報の往来がさかんな環海地域のひとつだ。

けれども、日本と北朝鮮は二〇〇二年に国交正常化をめざした「日朝平壌宣言」を調印しながらも、いわゆる日本人拉致《らち》や核開発などの諸問題のため、人びとの往来を大きく制限している。そして韓国、北朝鮮と日本の双方で、近代日本による植民地支配についての言説をめぐり、相手に対する否定的な感情をいだく人びとは数多い。日本ではよく「反韓」「嫌韓」などと表現される。

このような現在の日本列島と朝鮮半島、それぞれに住む人びとの関係を、よりよいものとして未来へつなげていくためにはどうすればよいのだろうか。ナイーヴな見方かもしれないが、筆者は、これまでの関係を今一度冷静にふりかえることによって、これからの関係を見とおす糧《かて》を得ることが必要ではないか、と考えている。

むろん、過去の日朝関係は友好的なものだけではない。蔑視、不信、憎悪、対立、そして支配といった要素も多分にふくんでいる。しかしだからこそ、その実態をみつめなおさなければならない。国家の枠組みにしばられず、相手の視点も織り込んで、地域や民間そして個人レベルの多元的な関係史を豊かに描いていくことができれば、未来の関係への手がかりが、おぼろげながらもみえてくるのではないだろうか。本書を執筆した根本的な動機はここにある。

本書が、過去から未来へと続く日朝関係史をみつめなおす糧となり得ているかどうか、それは読者の判断にゆだねるしかない。ただ少しでもそうなっていれば、と願うばかりだ。

引用・参考文献

（日本語）
国立歴史民俗博物館二〇一六『歴博一九五　特集：一衣帯水のあいだがら――歴史・民俗からみた日朝関係――』
杉井　健二〇一四「前方後円墳体制論の再検討」『古墳時代の考古学九　二一世紀の古墳時代像』同成社
都出比呂志一九九三「前方後円墳体制と民族形成」『待兼山論叢』二七　史学篇　大阪大学文学部
（韓国語）
国立全州博物館一九九四『扶安竹幕洞祭祀遺跡』

写真提供機関

写真の掲載に当たっては次に列挙する機関からご高配を賜った。深く感謝いたします。

日本（五十音順）

朝倉市教育委員会　岡山大学考古学研究室　香川県教育委員会　加古川市教育委員会　柏原市教育委員会　春日市教育委員会　木島平村教育委員会　京都大学総合博物館　国立歴史民俗博物館　志免町教育委員会　隅田八幡神社　高崎市教育委員会　高松市歴史資料館　「宗像・沖ノ島と関連遺産群」世界遺産推進会議　宗像大社　八女市教育委員会

韓国（ㄱㄴㄷ順）

慶南発展研究院　慶尚大学校博物館　慶星大学校博物館　国立慶州博物館　国立光州博物館　国立金海博物館　国立羅州文化財研究所　国立文化財研究所　国立全州博物館　国立中央博物館　大成洞古墳博物館　大韓文化財研究院　東新大学校文化博物館　東亜大学校博物館　東亜細亜文化財研究院　東義大学校博物館　馬韓文化財研究院　福泉博物館　釜山博物館　釜山大学校博物館　嶺南大学校博物館　蔚山文化財研究院　全南大学校博物館　湖南文化財研究院

あとがき

二〇一四年三月末に、講談社現代新書編集部の山﨑比呂志さんからお手紙をいただいた。これが本書刊行のきっかけとなった。前著『古墳時代の日朝関係』（吉川弘文館）の刊行日から一〇日も経っていなかった。わざわざ勤務先にも足を運んでくれた山﨑さんは、朝鮮半島からみた倭の姿を描いてほしい、それは高田さんじゃないと書けない、というようなことを言われた。

私は感激した。山﨑さんにしてみれば、多分に社交辞令を交えてそう言われたのだろうが、そういう言葉に励まされて、新人は何とか一人前になっていくのだろう。山﨑さんからいただいた手紙は、ぼろぼろになってしまったけれども、今も手帳にはさんで持ち歩いている。本書が少しでも読みやすいものとなっていれば、それはひとえに山﨑さんのご助言のおかげである。心から御礼を申し上げたい。

私の研究生活は、一九九三年四月に岡山大学文学部史学科に入学し、同考古学研究室の調査、研究に参加した時からはじまっている。一九九九年一二月から二〇〇四年三月までは、韓国慶北大学校考古人類学科博士課程において留学生活を経験した。現在は国立歴史民俗博物館（歴博）に勤務している。

本書の中で少し紹介したが、歴博は韓国のさまざまな研究機関と共同研究や学術交流をすすめている。本書の執筆は、それにたずさわることができたからこそ、可能となった。交流の場で日韓の多くの研究者と触れあい、議論し、信頼関係をきずくことができた。

大学入学から現在にいたるまでの間、人づきあいが下手な私に対して、親身になってご指導、ご鞭撻いただいたすべての方々に御礼を申し上げたい。本書がこれまでの学恩に少しでも報いるものとなっていれば、これ以上の幸せはない。

この場を借りて、日頃なかなか言い出せない家族に対する感謝の意を述べておきたい。まず何よりも、研究の最大の理解者である妻の朴宣映、息子の彩希と瑞希に心から感謝したい。私にとって日々の家庭生活こそが最も重要な日韓交流の場であり、研究をすすめる原動力となっている。また、さまざまな葛藤があっただろうけれども、妻をこころよく日本へ送り出し、今も韓国から私たちをあたたかく見守ってくれている義父の朴泰祚、義妹の朴柱映にも深く感謝したい。

そして、七年にもわたる長い闘病生活のすえ、二〇一五年一月に天国へと旅立った母範子の霊前に、このつたない本書を捧げたい。大学卒業の折、研究者の道を歩みたいと訴えた時、四〇歳までに一人前になればいいから、と励ましてくれた母の笑顔を忘れることができない。

最後に、母を献身的に支え、今も死別という深い悲しみの淵にたたずむ父豊にとって、息子の書いたこの本が少しでもなぐさめになってくれれば、と願う。私は父に少数の立場から物事を考えぬく重要性を学んだ。

おやじ、おふくろ、四〇歳を少しすぎたけど、何とか一人前になれたかな。ありがとう。

高田貫太

二〇一六年一二月

N.D.C. 210.3　289p　18cm
ISBN978-4-06-288414-3

講談社現代新書　2414

海《うみ》の向《む》こうから見《み》た倭《わ》国《こく》

二〇一七年二月二〇日第一刷発行

著　者　高《たか》田《た》貫《かん》太《た》　

発行者　鈴木　哲
発行所　株式会社講談社
東京都文京区音羽二丁目一二―二一　郵便番号一一二―八〇〇一
電　話　〇三―五三九五―三五二一　編集（現代新書）
〇三―五三九五―四四一五　販売
〇三―五三九五―三六一五　業務
装幀者　中島英樹
印刷所　凸版印刷株式会社
製本所　株式会社大進堂
定価はカバーに表示してあります　Printed in Japan

「講談社現代新書」の刊行にあたって

教養は万人が身をもって養い創造すべきものであって、一部の専門家の占有物として、ただ一方的に人々の手もとに配布され伝達されうるものではありません。

しかし、不幸にしてわが国の現状では、教養の重要な養いとなるべき書物は、ほとんど講壇からの天下りや単なる解説に終始し、知識技術を真剣に希求する青少年・学生・一般民衆の根本的な疑問や興味は、けっして十分に答えられ、解きほぐされ、手引きされることがありません。万人の内奥から発した真正の教養への芽ばえが、こうして放置され、むなしく滅びさる運命にゆだねられているのです。

このことは、中・高校だけで教育をおわる人々の成長をはばんでいるだけでなく、大学に進んだり、インテリと目されたりする人々の精神力の健康さえもむしばみ、わが国の文化の実質をまことに脆弱なものにしています。単なる博識以上の根強い思索力・判断力、および確かな技術にささえられた教養を必要とする日本の将来にとって、これは真剣に憂慮されなければならない事態であるといわなければなりません。

わたしたちの「講談社現代新書」は、この事態の克服を意図して計画されたものです。これによってわたしたちは、講壇からの天下りでもなく、単なる解説書でもない、もっぱら万人の魂に生ずる初発的かつ根本的な問題をとらえ、掘り起こし、手引きし、しかも最新の知識への展望を万人に確立させる書物を、新しく世の中に送り出したいと念願しています。

わたしたちは、創業以来民衆を対象とする啓蒙の仕事に専心してきた講談社にとって、これこそもっともふさわしい課題であり、伝統ある出版社としての義務でもあると考えているのです。

一九六四年四月　野間省一

日本史

世界史Ⅰ

834 ユダヤ人――上田和夫
934 大英帝国――長島伸一
968 ローマはなぜ滅んだか 弓削達
1017 ハプスブルク家――江村洋
1080 ユダヤ人とドイツ――大澤武男
1088 ヨーロッパ「近代」の終焉――山本雅男
1097 オスマン帝国――鈴木董
1151 ハプスブルク家の女たち 江村洋
1249 ヒトラーとユダヤ人 大澤武男
1252 ロスチャイルド家 横山三四郎
1282 戦うハプスブルク家 菊池良生
1283 イギリス王室物語――小林章夫

1306 モンゴル帝国の興亡〈上〉――杉山正明
1307 モンゴル帝国の興亡〈下〉――杉山正明
1321 聖書vs.世界史――岡崎勝世
1366 新書アフリカ史――宮本正興・松田素二 編
1442 メディチ家――森田義之
1470 中世シチリア王国――高山博
1486 エリザベスⅠ世――青木道彦
1572 ユダヤ人とローマ帝国 大澤武男
1587 傭兵の二千年史――菊池良生
1588 現代アラブの社会思想 池内恵
1664 新書ヨーロッパ史 中世篇 堀越孝一 編
1673 神聖ローマ帝国――菊池良生
1687 世界史とヨーロッパ 岡崎勝世

1705 魔女とカルトのドイツ史――浜本隆志
1712 宗教改革の真実――永田諒一
1820 スペイン巡礼史――関哲行
2005 カペー朝――佐藤賢一
2070 イギリス近代史講義――川北稔
2096 モーツァルトを「造った」男――小宮正安
2189 世界史の中のパレスチナ問題 臼杵陽
2281 ヴァロワ朝――佐藤賢一

世界史Ⅱ

930 フリーメイソン――吉村正和
959 東インド会社――浅田實
971 文化大革命――矢吹晋
1019 動物裁判――池上俊一
1076 デパートを発明した夫婦 鹿島茂
1085 アラブとイスラエル 高橋和夫
1099 「民族」で読むアメリカ 野村達朗
1231 キング牧師とマルコムX 上坂昇
1746 中国の大盗賊・完全版――高島俊男
1761 中国文明の歴史――岡田英弘
1769 まんが パレスチナ問題 山井教雄
1811 歴史を学ぶということ 入江昭
1932 都市計画の世界史――日端康雄
1966 〈満洲〉の歴史――小林英夫
2018 古代中国の虚像と実像 落合淳思
2025 まんが 現代史――山井教雄
2120 居酒屋の世界史――下田淳
2182 おどろきの中国 橋爪大三郎 大澤真幸 宮台真司
2257 歴史家が見る現代世界 入江昭
2301 高層建築物の世界史 大澤昭彦

哲学・思想Ⅰ

66 哲学のすすめ——岩崎武雄
159 弁証法はどういう科学か 三浦つとむ
501 ニーチェとの対話——西尾幹二
871 言葉と無意識——丸山圭三郎
898 はじめての構造主義 橋爪大三郎
916 哲学入門一歩前——廣松渉
921 現代思想を読む事典 今村仁司 編
977 哲学の歴史——新田義弘
989 ミシェル・フーコー 内田隆三
1001 今こそマルクスを読み返す 廣松渉
1286 哲学の謎——野矢茂樹
1293 「時間」を哲学する——中島義道
1315 じぶん・この不思議な存在——鷲田清一
1357 新しいヘーゲル——長谷川宏
1383 カントの人間学——中島義道
1401 これがニーチェだ——永井均
1420 無限論の教室——野矢茂樹
1466 ゲーデルの哲学——高橋昌一郎
1575 動物化するポストモダン 東浩紀
1582 ロボットの心——柴田正良
1600 ハイデガー＝存在神秘の哲学——古東哲明
1635 これが現象学だ——谷徹
1638 時間は実在するか 入不二基義
1675 ウィトゲンシュタインはこう考えた 鬼界彰夫
1783 スピノザの世界——上野修
1839 読む哲学事典——田島正樹
1948 理性の限界——高橋昌一郎
1957 リアルのゆくえ——大塚英志 東浩紀
1996 今こそアーレントを読み直す——仲正昌樹
2004 はじめての言語ゲーム——橋爪大三郎
2048 知性の限界——高橋昌一郎
2050 超解読！ はじめてのヘーゲル『精神現象学』 竹田青嗣 西研
2084 はじめての政治哲学 小川仁志
2099 超解読！ はじめてのカント『純粋理性批判』 竹田青嗣
2153 感性の限界——高橋昌一郎
2169 超解読！ はじめてのフッサール『現象学の理念』——竹田青嗣
2185 死別の悲しみに向き合う——坂口幸弘
2279 マックス・ウェーバーを読む——仲正昌樹

哲学・思想Ⅱ

13 論語――貝塚茂樹
285 正しく考えるために 岩崎武雄
324 美について――今道友信
1007 日本の風景・西欧の景観――オギュスタン・ベルク 篠田勝英 訳
1123 はじめてのインド哲学 立川武蔵
1150 「欲望」と資本主義――佐伯啓思
1163 「孫子」を読む――浅野裕一
1247 メタファー思考――瀬戸賢一
1248 20世紀言語学入門 加賀野井秀一
1278 ラカンの精神分析――新宮一成
1358 「教養」とは何か――阿部謹也
1436 古事記と日本書紀 神野志隆光
1439 〈意識〉とは何だろうか 下條信輔
1542 自由はどこまで可能か 森村進
1544 倫理という力――前田英樹
1560 神道の逆襲――菅野覚明
1741 武士道の逆襲――菅野覚明
1749 自由とは何か――佐伯啓思
1763 ソシュールと言語学――町田健
1849 系統樹思考の世界――三中信宏
1867 現代建築に関する16章 五十嵐太郎
1875 日本を甦らせる政治思想 菊池理夫
2009 ニッポンの思想――佐々木敦
2014 分類思考の世界――三中信宏
2093 ウェブ×ソーシャル×アメリカ 池田純一
2114 いつだって大変な時代――堀井憲一郎
2134 いまを生きるための思想キーワード――仲正昌樹
2155 独立国家のつくりかた 坂口恭平
2164 武器としての社会類型論 加藤隆
2167 新しい左翼入門――松尾匡
2168 社会を変えるには――小熊英二
2172 私とは何か――平野啓一郎
2177 わかりあえないことから 平田オリザ
2179 アメリカを動かす思想 小川仁志
2216 まんが 哲学入門――森岡正博 寺田にゃんこふ
2254 教育の力――苫野一徳
2274 現実脱出論――坂口恭平
2290 闘うための哲学書――小川仁志 萱野稔人

B

世界の言語・文化・地理

958 英語の歴史——中尾俊夫

987 はじめての中国語——相原茂

1025 J・S・バッハ——礒山雅

1073 はじめてのドイツ語 福本義憲

1111 ヴェネツィア——陣内秀信

1183 はじめてのスペイン語 東谷穎人

1353 はじめてのラテン語 大西英文

1396 はじめてのイタリア語 郡史郎

1446 南イタリアへ!——陣内秀信

1701 はじめての言語学 黒田龍之助

1753 中国語はおもしろい 新井一二三

1949 見えないアメリカ——渡辺将人

1959 世界の言語入門——黒田龍之助

2052 なぜフランスでは子どもが増えるのか 中島さおり

2081 はじめてのポルトガル語 浜岡究

2086 英語と日本語のあいだ 菅原克也

2104 国際共通語としての英語 鳥飼玖美子

2107 野生哲学——管啓次郎 小池桂一

2108 現代中国「解体」新書——梁過

2158 一生モノの英文法——澤井康佑

2227 アメリカ・メディア・ウォーズ——大治朋子

2228 フランス文学と愛——野崎歓

宗教

27 禅のすすめ——佐藤幸治
135 日蓮——久保田正文
217 道元入門——秋月龍珉
606 「般若心経」を読む——紀野一義
667 生命《いのち》あるすべてのものに　マザー・テレサ
698 神と仏——山折哲雄
997 空と無我——定方晟
1210 イスラームとは何か——小杉泰
1469 ヒンドゥー教　クシティ・モーハン・セーン　中川正生 訳
1609 一神教の誕生——加藤隆
1755 仏教発見！——西山厚
1988 入門　哲学としての仏教　竹村牧男
2100 ふしぎなキリスト教——橋爪大三郎　大澤真幸
2146 世界の陰謀論を読み解く——辻隆太朗
2150 ほんとうの親鸞——島田裕巳
2159 古代オリエントの宗教　青木健
2220 仏教の真実——田上太秀
2241 科学 vs. キリスト教——岡崎勝世
2293 善の根拠——南直哉

ⓒ

文学

2 光源氏の一生——池田弥三郎
180 美しい日本の私——川端康成 サイデンステッカー
1026 漢詩の名句・名吟——村上哲見
1208 王朝貴族物語——山口博
1501 アメリカ文学のレッスン——柴田元幸
1667 悪女入門——鹿島茂
1708 きむら式 童話のつくり方——木村裕一
1743 漱石と三人の読者——石原千秋
1841 知ってる古文の知らない魅力——鈴木健一
2029 決定版 一億人の俳句入門 長谷川櫂
2071 村上春樹を読みつくす 小山鉄郎
2129 物語論——木村俊介
2175 戦後文学は生きている 海老坂武
2209 今を生きるための現代詩 渡邊十絲子
2255 世界の読者に伝えるということ——河野至恩

M

心理・精神医学

331 異常の構造——木村敏
590 家族関係を考える——河合隼雄
725 リーダーシップの心理学——国分康孝
824 森田療法——岩井寛
1011 自己変革の心理学——伊藤順康
1020 アイデンティティの心理学 鑪幹八郎
1044 〈自己発見〉の心理学 国分康孝
1241 心のメッセージを聴く 池見陽
1289 軽症うつ病——笠原嘉
1348 自殺の心理学——高橋祥友
1372 〈むなしさ〉の心理学 諸富祥彦
1376 子どものトラウマ——西澤哲

1465 トランスパーソナル心理学入門——諸富祥彦
1625 精神科にできること 野村総一郎
1752 うつ病をなおす——野村総一郎
1787 人生に意味はあるか 諸富祥彦
1827 他人を見下す若者たち 速水敏彦
1922 発達障害の子どもたち——杉山登志郎
1962 親子という病——香山リカ
1984 いじめの構造——内藤朝雄
2008 関係する女 所有する男——斎藤環
2030 がんを生きる——佐々木常雄
2044 母親はなぜ生きづらいか——香山リカ
2062 人間関係のレッスン 向後善之
2076 子ども虐待——西澤哲

2085 言葉と脳と心——山鳥重
2090 親と子の愛情と戦略 柏木惠子
2101 〈不安な時代〉の精神病理——香山リカ
2105 はじめての認知療法——大野裕
2116 発達障害のいま——杉山登志郎
2119 動きが心をつくる——春木豊
2121 心のケア——加藤寛 最相葉月
2143 アサーション入門——平木典子
2160 自己愛な人たち——春日武彦
2180 パーソナリティ障害とは何か——牛島定信
2211 うつ病の現在——佐古泰司 飯島裕一
2231 精神医療ダークサイド 佐藤光展
2249 「若作りうつ」社会——熊代亨

自然科学・医学

15 数学の考え方――矢野健太郎
1141 安楽死と尊厳死――保阪正康
1328 「複雑系」とは何か――吉永良正
1343 カンブリア紀の怪物たち サイモン・コンウェイ・モリス 松井孝典 監訳
1500 科学の現在を問う 村上陽一郎
1511 優生学と人間社会――米本昌平 松原洋子 橳島次郎 市野川容孝
1689 時間の分子生物学――粂和彦
1700 核兵器のしくみ――山田克哉
1706 新しいリハビリテーション 大川弥生
1786 数学的思考法――芳沢光雄
1805 人類進化の700万年 三井誠
1813 はじめての〈超ひも理論〉 川合光
1840 算数・数学が得意になる本 芳沢光雄
1861 〈勝負脳〉の鍛え方――林成之
1881 「生きている」を見つめる医療――中村桂子 山岸敦
1891 生物と無生物のあいだ――福岡伸一
1925 数学でつまずくのはなぜか 小島寛之
1929 脳のなかの身体――宮本省三
2000 世界は分けてもわからない 福岡伸一
2023 ロボットとは何か――石黒浩
2039 ソーシャルブレインズ入門 藤井直敬
2097 〈麻薬〉のすべて――船山信次
2122 量子力学の哲学――森田邦久
2166 化石の分子生物学――更科功
2170 親と子の食物アレルギー――伊藤節子
2191 DNA医学の最先端 大野典也
2193 〈生命〉とは何だろうか 岩崎秀雄
2204 森の力――宮脇昭
2219 宇宙はなぜこのような宇宙なのか――青木薫
2226 宇宙生物学で読み解く「人体」の不思議――吉田たかよし
2244 呼鈴の科学――吉田武
2262 生命誕生――中沢弘基
2265 SFを実現する――田中浩也
2268 生命のからくり――中屋敷均
2269 認知症を知る――飯島裕一
2291 はやぶさ2の真実――松浦晋也
2292 認知症の「真実」――東田勉